不控制的父母
不焦虑的孩子

赵海娟◎著

天天出版社

图书在版编目（CIP）数据

不控制的父母　不焦虑的孩子 / 赵海娟著. -- 北京：天天出版社, 2025. 7. -- ISBN 978-7-5016-2604-5

Ⅰ. G78

中国国家版本馆CIP数据核字第2025PX9027号

责任编辑：刘　馨　　　　　　责任印制：康远超　张　璞

出版发行：天天出版社有限责任公司
地址：北京市丰台区右外西路 2 号院　　　　**邮编**：100071

印刷：三河市同力彩印有限公司　　　　**经销**：全国新华书店等
开本：880×1230 1/32　　　　　　　**印张**：6.5
版次：2025 年 7 月北京第 1 版　　**印次**：2025 年 7 月第 1 次印刷
字数：143 千字

书号：978-7-5016-2604-5　　　　　　　定价：59.80 元

前　言

在紧绷的世界里，做有弹性的父母

亲爱的父母：

　　当您翻开这本书时，或许正被一种熟悉的焦虑笼罩着：那个曾经依偎在怀中的小天使，不知何时开始变得疏离、叛逆、难以捉摸。作业磨蹭、沉迷网络、顶嘴叛逆、情绪起伏不定……这些在10~15岁孩子身上较为常见的"问题"，常常让父母们心力交瘁，陷入"管与不管""严与松"的两难境地。我们深爱孩子，却常常在爱中迷失方向，以焦虑为鞭，以控制为笼，结果有时适得其反——孩子被越推越远，亲子关系日益紧张。

　　我们不禁要问：问题出在哪里？

　　答案或许不在孩子身上，而在我们自身。我们生活在一个竞争激烈、信息爆炸的时代，社会对"成功"的某种标准、对未来的不确定感，以及我们自身成长经历的烙印，都可能化作无形的压力，投射在孩子的教育上。我们害怕孩子落后，担心他们走弯路，于是常常不自觉地收紧手中的线，试图掌控更多。然而，青春期，这个孩子从儿童迈向成人的关键蜕变期，恰恰是他们非常渴望独立，极其需要空间去探索自我、建立身份认同的时刻。我们的过度焦虑和高压管控，有时就像试图阻止蝴蝶破茧，不仅徒劳无功，还可能折断它振翅的勇气。

尝试成为"不控制的父母"并非放弃责任，而是一种值得探索的养育智慧。

它不是放任自流，而是像放风筝——线在手中，却给孩子翱翔的天空。它建立在深刻理解青春期孩子身心发展规律的基础上：

认知革命：他们开始质疑世界，追问"为什么"，用批判的眼光审视一切，这是走向思维成熟的常见之路。

自我重构：他们用奇装异服、变换朋友圈、守护秘密来探索"我是谁"，这是建立自我同一性的重要过程。

情绪过山车：大脑发育的局部不平衡（情绪脑杏仁核发育较快，理性脑前额叶发育较慢）让他们情绪波动剧烈，这常常并非故意与你作对。

社交需求变化：同伴认同变得极其重要，群体归属感成为核心需求之一。

权力博弈：顶嘴、对抗是他们争夺"心理领土"、宣告独立的一种方式。

理解这些"成长密码"，我们就能明白，那些曾让我们头疼的"叛逆"行为，常常是生命破茧成蝶前的挣扎与蓄力。父母的角色，不必是强行统治的掌控者，而是守护在旁，提供安全基地和稳定支持的陪伴者。

这本书的核心，正是提供一套"松弛感"养育的实践参考——聚焦于"话术"。

语言是亲子沟通的桥梁，也是最容易引发冲突的导火索之一。一句不经意的指责、嘲讽、威胁，可能瞬间关闭孩子的心门；而一句充满理解、尊重和引导的话语，则可能搭建起信任的阶梯。本书针对青春期孩子较常见的生活习惯、学习问题、社交行为、家庭关系、网络使用、价值观塑造、心理素质等八大领域的挑战，通过：

【场景还原】呈现真实、具体的家庭冲突现场，让您感同身受。

【错误表达】剖析常见的、却常常适得其反的沟通方式及其后果。

【松弛教育】提供科学、实用、充满智慧的"松弛感话术"和行动策略，教您如何用语言化解冲突，引导成长。

【底层逻辑】揭示孩子行为背后的心理机制和发展需求，让您知其然更知其所以然。

【智慧锦囊】以精练的教育箴言，点明核心要义。

从"假期作息不规律"到"考前焦虑"，从"不写作业"到"网络沉迷"，从"顶撞父母"到"缺乏自信"，甚至面对"把

'郁闷'挂嘴边"这样的需要高度重视和谨慎应对的挑战，我们都努力为您提供清晰、可操作的沟通路径和应对方案。我们强调"松弛"的四大支柱：安全网原则、选择权阶梯、错误银行、能量补给站（先照顾好自己），并指导您根据孩子的性格和成长阶段，找到自家"松紧带"的适宜刻度。

做"不控制的父母"，是一场自我的修行。

它要求我们放下过高的完美期待，接纳孩子和自己的有限性；它要求我们管理好自己的焦虑，努力做情绪稳定的榜样；它要求我们学会信任，敢于在安全的边界内放手；它更要求我们不断学习、反思和成长。当我们不再执着于"控制"，转而学习"何时管、怎么管"。当我们用宽容而坚定的态度面对孩子的成长时，家庭氛围可能变得和谐。孩子在这样的环境中，更有可能获得成长所需的自信，学会独立思考和承担责任，而父母也能从中体验到陪伴孩子成长的乐趣。

养育孩子，尤其在孩子青春期阶段，如同在湍急的河流中行船，紧张和对抗常常会让船颠簸得更厉害，而"松弛感"则是那支让我们保持平衡、顺应水流，从而能安然抵达彼岸的船桨。希望这本书能成为您手中的那支桨，助您在充满挑战又无比珍贵的亲子旅程中，找到那份从容的力量和智慧的联结。

愿我们都能在紧绷的世界里，成为有弹性的父母，陪伴孩子安然度过青春期的激流，走向辽阔的人生海洋。

2025年5月

目 录

CHAPTER 03
学习问题篇

CHAPTER 04
社交行为篇

CHAPTER 05

家庭关系篇

CHAPTER 06

网络使用篇

CHAPTER 07

价值观篇

CHAPTER 08

心理素质篇

CHAPTER 09

松弛之道：父母成长手册

CHAPTER 01

为什么我们要做
不控制的父母?

叛逆还是成长？
10~15岁孩子的心理特点

10~15岁，这是一个孩子从儿童向少年过渡的关键时期。在这个阶段，孩子们的身体和心理都在经历着巨大的变化。很多家长会发现，那个曾经抱着你撒娇的小宝贝，开始摔门、顶嘴、抗拒沟通，甚至把"你烦不烦"挂在嘴边。面对孩子突如其来的疏离与对抗，我们该视其为洪水猛兽般的叛逆，还是成长过程中的一种蜕变？

认知革命

10~15岁的孩子正经历着大脑发育的显著飞跃。神经科学研究发现，这个阶段孩子的前额叶皮质（负责理性决策）开始加速发育，尽管要到25岁左右才能完全成熟，但已经足以支撑他们产生显著的认知转变。行为表现：

"十万个为什么"升级版:

他们往往不再满足于你给出的"因为我说是这样"的答案。当你在辅导作业时说"这个公式记住就行",孩子可能会追着问:"为什么负数乘负数等于正数?这有什么意义?"

"显微镜"式观察世界:

他们开始用批判的眼光审视周遭。邻居阿姨夸他新衣服好看,他可能会想:"这是真心话还是客套?"看到电视剧里的历史情节,会质疑:"古代人说话真的这么文绉绉吗?"

黑色幽默与反讽:

网络流行语可能成为他们的交流密码。"我太难了"常常是对作业压力的调侃。

这种认知转变本质是思维"去中心化"的过程。儿童时期可能认为"世界围着自己转",现在发现每个人的视角都不同,开始探索多元可能性。就像玩《我的世界》游戏,从遵守规则到尝试修改代码创造新玩法。

自我重构

青春期是自我同一性建立的关键期。孩子们开始积极探索三个哲学级问题:"我是谁?""我存在的意义是什么?""我想成为怎样的人?"这种自我探索具象化为:

百变造型：

衣柜里突然出现破洞裤、荧光色卫衣等。这常常不是审美倒退，而是用外在符号标注"这是我"。

朋友圈改变：

小时候的玩伴可能被新结识的"有趣灵魂"取代。选择朋友的标准从"住得近"变成"有共同语言"。

秘密花园：

带锁的日记本、设置的微信朋友圈三天可见，是在划定心理边界"这部分的我，只属于我自己"。这是自我意识觉醒的自然表现。

加拿大心理学家詹姆斯·玛西亚将青少年分为四种同一性状态：同一性获得（已明确自我方向）、同一性延缓（仍在探索）、同一性早闭（过早接受父母安排）、同一性扩散（缺乏方向）。多数青少年都会经历"延缓"状态，需要体验不同角色才能更好地找到真正热爱的东西。

情绪过山车

杏仁核（情绪脑）与前额叶（理性脑）的发育不同步，造就了青少年情绪体验的复杂性。神经科学家发现，青少年在情绪刺激

不控制的父母　不焦虑的孩子

下，杏仁核活动有时比成人更强烈。

可以想象成：

　　理性脑是正在学骑自行车的孩子，情绪脑是一匹未被完全驯服的野马，驾驭需要过程。

情绪的强烈与波动性：

　　孩子的情绪可能来得快、去得也快，而且强度有时较大。他们可能会因为一件小事而兴奋不已，也可能因为一点挫折而情绪低落。例如，一次考试成绩不理想可能会让他们感到极度沮丧，而一次小小的表扬又可能会让他们兴奋不已。

情绪表达的直接性：

　　孩子通常会直接表达自己的情绪，而不像成年人那样善于掩饰。他们可能会在生气时大声争吵，或者在高兴时毫无顾忌地大笑。这种直接的情绪表达有时会让父母感到困惑或难以接受。

正在发展中的情绪调节能力：

　　由于缺乏有效的情绪调节策略，孩子在面对负面情绪时有时会感到无助。他们可能会通过哭泣、发脾气等方式来释放情绪，同时也在学习通过理性思考或寻求帮助来解决。

社交需求变化

孩子非常在意的问题不仅仅是"我考得好不好",也常常包括"他们觉得我怎么样"。孩子开始将更多的注意力放在同龄人身上,渴望被同伴接纳和认可。

群体归属感焦虑:

买同款球鞋、模仿知名博主说话方式,可能是生怕被排除在"小团体"之外。

网络社交活跃:

QQ空间动态更新频率可能超过朋友圈,用表情包和缩写构建小群体专属交流体系。

偶像崇拜仪式:

为"爱豆"打榜、买周边,常常是在寻找理想自我的投射对象。

进化心理学解释,青少年时期发展社交技能对其适应社会至关重要。在与同伴的交往中,他们可能会遇到如何处理冲突、如何表达观点、如何倾听他人等社交问题。他们通过模仿同伴学习成人社会规则,类似于小狼在狼群中观察学习狩猎技巧。

权力博弈

孩子顶嘴的背后，常常是争夺"心理领土"的尝试。

典型互动场景：

选择性回应：

"把牛奶喝了。"可能没有立即回应或行动。

提出条件协商：

"如果我考进前10名，能不能换新手柄？"尝试用条件交换争取权益。

试探边界：

有时在父母面前磨蹭，以此了解规则边界。

发展心理学认为，这种探索自主性的互动是心理向独立进程中的常见现象，如同小狮子啃咬母狮——既是在练习捕猎，也是在确认自身能力。

当我们理解这些行为背后的成长密码，那些刺耳的顶嘴、突然的沉默、莫名的愤怒，都可以视为值得珍藏的成长印记。这个阶段的孩子就像蜕变中的蝴蝶，在蛹中挣扎时看似痛苦，实则在积蓄展翅高飞的力量。作为父母，我们应该保持的姿态不是强行剥开蛹壳，而是守护在旁，用松弛的心态等待那个破茧而出的瞬间。

不要做"欺负"孩子的父母，否则孩子会一生都向世界乞讨爱

10~15岁孩子的父母，常常感觉自己承受着巨大压力，焦虑感可能挥之不去：孩子的成绩单可能带来压力，手机聊天记录藏着秘密，朋友圈的每张照片有时让人紧张。这种焦虑有时体现在对孩子的过度关注或管控上，而此类行为可能加剧孩子的抵触情绪，形成恶性循环。

家长的焦虑从何而来？

1.对未来的担忧

很多家长担心孩子以后找不到好工作、生活得不幸福，这种担忧让家长们在孩子的成长过程中有时会过度保护或干预。无论是学习、社交还是生活习惯，家长都希望自己为孩子提供更多指导。这种过度的规划和控制，可能让孩子感到自主空间受限，从而产生抵触情绪或反抗行为。

2.社会舆论与比较心态

当今社会对"好孩子"的定义有时显得单一，主要聚焦于成绩优异、礼貌懂事。家长们在比较中，容易觉得自己的孩子不够好，从而产生焦虑。为了不被别人认为"养不好孩子"，家长们有时会更加严格地督促孩子，甚至可能无意中忽视孩子的兴趣和快乐。这种焦虑会让孩子感受到压力，可能产生疏离式反抗。

3.自身成长经历的延续

很多父母自身在青少年时期也曾经历过叛逆，他们或许认为"严厉教育"是有效的方式，也可能因为自身经历的某些缺失而希望孩子弥补这些空白。于是，他们在孩子面前可能表现出极度焦虑和担心，尝试用自己曾经没能经历的"好教育"来引导孩子。但这种过度的干涉有时会引发孩子更强烈的自主需求。

焦虑与叛逆的"互动模式"

1.焦虑加剧控制，反过来刺激叛逆

当父母因为孩子的抵触而变得更加焦虑时，他们可能采取更严格的管控措施，试图以此纠正孩子的行为。然而，这种做法有时适得其反，孩子会觉得自己被束缚，进而强化反抗。家长的焦虑和孩子的叛逆就这样形成了一个恶性循环：父母越是紧张干预，孩子就越是寻求自主空间，结果双方的张力加剧，家庭氛围也越来越

紧张。

2.情绪对抗升级

在这种循环中，父母和孩子之间的情绪摩擦可能升级。父母的焦虑让他们容易对孩子发火、批评，而孩子在受到指责时又会更加抵触和反抗。双方的情绪相互影响，家中可能出现争吵和紧张，最终可能影响亲子关系。其实，很多时候，父母的初衷是出于对孩子未来的担忧，但这种焦虑如果得不到有效疏导，就容易演变成亲子间的隔阂。

打破魔咒的"松弛之道"

1.学会适度放手与建立信任

尝试给予孩子适度的空间，让他们在安全的范围内学习自主决策。家长可以努力与孩子建立良好的沟通机制，鼓励他们表达自己的想法，而不是一味地替孩子做决定。学会信任孩子，从力所能及的小事开始，逐步放手，让孩子感受到父母的支持，这样做的目的是希望他们能够学会独立、从经验中学习。

2.调整期望，接受个体差异

许多家长的焦虑可能源于对孩子过高或不切实际的期望。实际上，每个孩子都有自己的成长节奏和特点，他们不可能在所有方面都符合家长的期待。家长可以尝试调整自己的期望，学会接纳孩子的独特性，并重视培养孩子的兴趣、独立性和解决问题的能力。当家长放下对孩子的过度要求时，孩子才有心理空间去尝试、去犯错、去成长，而不是一味地被逼迫去追求某个不切实际的目标。

3.自我调节，做情绪管理的榜样

家长自身需要重视情绪管理，努力保持情绪相对稳定。面对孩子的挑战，如果家长能先保持冷静，不急于发火，尝试用耐心和理解去沟通，那么孩子也会逐渐学会如何控制自己的情绪。比如，在孩子不听劝告的时候，家长可以先冷静下来，用平和的语气与之交流，而不是立刻采取责骂或惩罚的方式。家长的情绪是孩子最重要的参照，当家长学会放松自己，孩子也更可能从中受益。

当家长实践‘松弛"，以一种宽容而坚定的态度面对孩子的成长时，家庭氛围可能变得更加和谐。孩子在这样的环境中，更有可能获得自信，逐步学会独立思考和承担责任，而父母也能从中体验到陪伴和成长的价值。家长的焦虑或许无法完全消失，但要学习将这种焦虑转化为关注与支持的力量，让它协助孩子健康成长，而非成为矛盾和冲突的源头。

松弛感教育 ≠ 放养

在探讨如何成为松弛感父母的过程中，许多家长认为"松弛感"就是撒手不管，或是把"放养"当成偷懒的借口。其实，真正的松弛感父母更是像放风筝——线在手中，却给孩子翱翔的天空。

松弛感教育的常见误区

误区1：不管＝尊重

一些家长认为尊重孩子就是极少过问他们的事务，让他们自由发展。例如，孩子连续三天没写作业，爸爸说："要尊重他的选择。"还有，在选择兴趣班时，如果缺乏家长的引导，孩子容易盲目跟风，选择未必适合自己的课程，最终可能浪费时间和精力。松弛感不是放任自流，而是帮助孩子理解"自由常伴随着责任"——你可以选择先玩还是先学习，但需要承担选择的后果。事实上，过度的放任也可能让孩子感到迷茫或缺乏支持。

误区2：严厉＝负责

部分家长误以为对孩子高度严厉就是对他们负责，通过强力的管教和高要求来促使孩子成长。比如，孩子数学考70分，妈妈罚抄错题100遍，导致孩子一看到数学书就手抖。高压管控像持续拧紧的螺丝，短期或许有效，但总有一天会崩断。松弛感则理解犯错是过程，愿意陪孩子一起面对和修复。

误区3：快乐＝没规矩

一些家长担心制定规矩会过多限制孩子的快乐，因此在教育过程中犹豫是否设立明确的界限。比如，孩子当众不尊重老人，家长以"小孩子不懂事"为由不及时引导，这可能影响孩子学习建立正确的价值观和行为准则。松弛感的边界包含道德与法律的底线，越界的"自由"无益于成长。

松弛感教育的支持性支柱

1.安全网原则：敢放手，是因为有保护

在教育孩子时，努力在满足他们独立需求的同时，尽可能降低潜在风险。例如，当孩子想要自己过马路时，我们可以先教他们如何观察交通信号灯、如何避让车辆等安全知识，然后在相对安全的条件下（如车流少的时段、家长陪同在旁观察）让他们尝试。这样既尊重了孩子的独立性，又提供了安全保障。

2.选择权阶梯：小决定培养大担当

通过让孩子参与适合其年龄的选择，逐步培养他们的责任感和决策能力。例如，从让孩子选择晚上吃什么、周末去哪个公园玩等小事情开始，随着孩子的成长和能力的提升，逐步让他们参与更复杂的决策，如讨论兴趣班选项、共同规划自己的学习时间等。这样，孩子在不断积累决策经验的过程中，能够逐渐发展自主管理能力。

3.错误银行：把失误存成成长币

当孩子犯错时，不要简单地批评和指责，而是尝试将错误视为学习的机会。例如，孩子在做数学题时出错，我们可以和他一起平心静气地分析原因，探讨更好的解题方法，然后将这个反思过程记录下来，形成"错误笔记"。随着时间的推移，回顾这些记录能帮助他们在未来更好地应对类似挑战。

4.能量补给站：先蓄满父母的水杯

父母是孩子成长道路上的重要支持者，当父母自身状态良好时，才能更有效地给予孩子支持和引导。因此，父母需要重视自己的身心健康，努力平衡生活和工作，储备足够的心理能量。例如，父母可以通过运动、阅读、与朋友交流等方式来恢复精力，保持良好的身心状态去面对教育中的挑战。

如何找到自家"松紧带"的适宜度？

每个孩子都是独特的，因此在实践松弛感教育时，我们需要观察孩子的性格和成长阶段，灵活调整"松紧带"的刻度，以找到最适宜他们成长的平衡点。

1.根据孩子性格调节

外向型的孩子通常精力充沛、社交能力强，但可能在自律和专注方面稍显不足。对于这类孩子，家长可以在规则设定上稍微严格些，帮助他们培养自律能力，同时给予他们足够的社交空间，支持他们发展社交技能。

内向型的孩子往往比较敏感、细腻，喜欢独处和深入思考，但可能在表达自己和适应新环境方面存在困难。对于内向型的孩子，家长则需要更加尊重他们的个性，给予他们足够的空间和时间来适应新事物，在鼓励他们尝试新事物的同时避免过度强迫，以免引起他们的抵触情绪。

2.分阶段动态调整

在小学阶段，孩子开始进入系统化的学习环境，培养良好的学习习惯和基本的社会交往能力是重点。此时，家长可以适当严格一些，帮助孩子建立规律的学习、生活作息及行为规范，同时鼓励他们参与一些简单的社交活动，如同学聚会、兴趣小组等。

进入初中后，孩子的自我意识逐渐增强，对自主权的需求也日益强烈。这个阶段，家长需要逐步放松控制，给予孩子更多的选择权和决策权，例如让他们自己安排学习时间、选择课外活动等，但同时要保持适度的关注和引导，帮助他们应对学习压力和人际关系问题。

高中阶段，孩子面临着更大的学业压力和对未来规划的思考。家长在这个时期应更加注重与孩子的沟通和交流，尊重他们的想法和选择，成为他们的支持者和引导者，避免过度干预或施加压力。根据不同阶段的特点动态调整教育方式，有助于更好地满足孩子在成长过程中的需求，帮助他们顺利度过每个关键时期。

松弛感父母的自我检测

· 看到孩子房间乱糟糟时，能先开个玩笑再教收纳技巧。

· 孩子成绩不理想时，第一反应不是"怎么又这样"，而是"这次发现了哪些漏洞"。

· 允许孩子周末睡懒觉，但约好"最迟9点吃早餐"。

· 发现孩子早恋，能忍住偷看手机的冲动，先说"聊聊你喜欢对方什么优点"。

· 自己工作遇到烦心事时，不会把火撒在孩子身上。

检测结果：

达标3项：入门级松弛父母；

达标5项：资深松弛导师；

全部达标：建议开家长培训班。

松弛有度的教育，就像给孩子穿一件带松紧带的衣服——不会太紧勒得喘不过气，也不会太松灌风着凉。聪明的父母懂得观察天气调整松紧：起风时系紧领口，阳光好时卷起袖子。当我们不再纠结"管还是不管"，而是学习"何时管、怎么管"，亲子关系就能成为孩子成长的沃土。

不控制的父母　不焦虑的孩子

CHAPTER 02

生活习惯篇

孩子做事拖拖拉拉，父母该怎么办

寒暑假一来，孩子们像脱缰的野马——前一天还规规矩矩早睡早起，第二天立刻切换成"夜猫子模式"：晚上十一二点钟精神百倍，一边看电视追剧一边刷手机；早晨的闹钟响过无数遍都没醒，直到中午才迷迷糊糊爬起来。早午餐合并成一顿吃，整个白天昏昏沉沉，到了晚上又精神焕发，如此循环往复，家长看在眼里，急在心里。

你可能也曾忍不住吼道："看看现在几点了？别人都起床三个小时了，你还赖在床上！"

或者催促说："赶紧上床！每天都这么晚睡，都熬出黑眼圈了！"

但孩子总是振振有词："反正是假期嘛，又不用上学。""我晚上才有灵感。""我白天也没什么事干啊。"

于是，假期成了"昼夜颠倒期"，也成为亲子冲突的高发期。

失控型干预

"都几点了还在玩？眼睛不要了是不是！"

"晚上不睡早上不起，像什么样子！我数到三！"

直接拔网线、没收手机、设定凌晨自动断电。

直接掀被子拉人。

后果：

强制干预就像拉扯橡皮筋，拉得越狠，反弹越高，更容易破坏亲子信任，孩子会把家长当作"控制狂"而非"守护者"。

冷嘲热讽型

"反正我说什么你都不听，身体是你自己的！"

"你现在这样的作息，白天效率怎么能高呢？"

"你这作息，比我们上班的还忙呢！"

后果：

看似"幽默"的讽刺，实则可能成为锋利的语言利刃。孩子会感受到被贬低和嘲笑，自尊心可能受损。长期冷嘲热讽容易让孩子形成"自我否定"的思维模式，遇到挑战时可能更容易放弃。

妥协型

"反正是假期，想怎么睡就怎么睡吧。"

"不吃早餐就不吃吧，别饿着就行。"

后果：

看似包容，实则纵容。孩子会接收到"规则可以随意打破"的信号，导致养成不良习惯，影响身心健康和学习效率。

【松弛教育】

1.以退为进的协商

"妈妈爸爸理解你想多玩会儿，但咱们约定好夜里10点前休息，这样明天才有精神做喜欢的事。"

"下周家庭旅行计划交给你设计，但需要每天早上9点前提交进度报告哦！"

2.生理唤醒替代说教

· 提前拉开窗帘15分钟，用渐亮光线唤醒孩子的生物钟。

· 播放孩子喜欢的音乐。

· 摆上香喷喷的早餐。

3.共同制订作息计划

与孩子一起商讨并制订假期作息时间表，作息时间可以比平时

不控制的父母　不焦虑的孩子

稍微宽松，但仍须设定一个合理的范围。例如，平时晚上10点睡觉，假期可以延迟到11点，但不宜超过这个时间。

4.家长示范行动

当着孩子面给手机设置成晚上11点自动锁屏。

晚餐后全家进行30分钟"断电时光"（读书、散步等）。

5.提供丰富的日间活动

安排一些有趣的日间活动，如运动、阅读、做手工等，增加孩子白天的活动量，让他们晚间自然产生疲倦感，更易入睡。例如："下午我们一起去打羽毛球，锻炼身体，也让晚上睡得更香。"

【底层逻辑】

1.生物钟的"季节性迁徙"

青少年生物钟比成人延迟2小时左右，这是进化留存的"守夜人基因"。假期放松时，孩子身体本能倾向更自然的节律调整。强行干预就像阻止候鸟迁徙，容易引发反抗。

2.控制感缺失的"报复性熬夜"

白天被作业和补习填满的孩子，可能会在夜晚用熬夜补偿对时间的掌控感，就像被压缩的弹簧，一旦松开会反弹。

3.睡眠压力的"情绪储蓄罐"

大脑在睡眠中会清理代谢废物，长期睡眠不足就像不断往储蓄罐里塞硬币，负面情绪积累过多容易溢出。很多孩子的"起床气"，本质是睡眠负债的"利息"兑现。

4.权力斗争的"隐形战场"

作息问题常是家庭权力博弈的焦点。家长越用力控制，孩子越要争夺自主权。就像两个人拉橡皮筋，越用力绷得越紧，最终可能绷断。

松弛有度的作息管理，不是放任自流，而是像园艺师修剪枝叶：既要尊重植物的生长规律，又要适时引导其形态。当家长把作息安排权归还给孩子，他们可能会像对待珍贵礼物般认真对待。这种看似"无为"的教育智慧，常常能唤醒孩子内在的生命秩序感。

没有时间观念，拖拖拉拉

【场景还原】

1.家庭活动"无限延迟"

"说好下午6点钟去球场打球，这都6点半了！"爸爸盯着手表，13岁的小宇还在对着镜子调整发型，运动包里连水壶都没装。

2.网课开始前不提前准备

在线英语课下午5点开始，小华却要等到老师点名字时才点开链接，一边手忙脚乱地找教材、纸笔，一边听课，错过了老师的开场重点。

3.打截止日期"擦边球"

孩子心仪的编程兴趣班下周一截止报名，他坚持"最后一天再弄"，结果因为错过了提交材料的时间，只能与心仪的课程失之交臂。

4.做家务一拖再拖

周末家庭大扫除时，14岁的明明被分配擦玻璃，两小时后，大家发现，他正蹲在窗台边用棉签给蚂蚁"引路"，玻璃一点没擦。

这些场景是否让你感到困扰？时间管理仿佛成了亲子协作中的"隐形陷阱"。先别急着给孩子贴上"拖延"的标签，让我们看看问题背后的真相。

【错误表达】

高压命令式

"你怎么就不能准点？都告诉你三遍了！"

"尽量早晨7点半出门，争取晚上8点之前写完数学作业。"

后果：

孩子感到被强迫，心理防御机制启动，可能更倾向用拖延来反抗，亲子关系趋于紧张。

"救火队员"式代劳

"我帮你收拾书包。我替你装饭盒。"

"你太慢了，起开！我帮你弄！"

恐吓威胁式

"再不走，兴趣班就要满额报不上了，你自己负责！"

"再磨蹭就取消周末游戏时间！"

后果：

在被迫的压力下，孩子做事动力主要源于"害怕后果"，长此以往可能产生焦虑而非内驱力，还可能埋下更深的逆反情绪。

无效放任型

"随你吧，反正你自己安排。"

后果：

孩子若缺乏明确的目标或时间框架，拖延行为可能变本加厉，最后往往慌乱收场，体验失败感。

【松弛教育】

1.可视化时间感知

给孩子配备沙漏计时器或电子闹钟，让他们直观地"看到"10分钟、半小时的时间流逝；在家中显眼位置挂一块大面时钟，鼓励孩子对比"现在几点""剩余多少时间"。这样有助于孩子逐步建立对时间流逝的感知，减少盲目拖延。

2.与孩子一起制订日程表

结合孩子的兴趣与学习任务，列出"今天要做什么""什么时候开始""多长时间完成"，采用"任务分解法"，将大任务拆成若干小步骤，并在每一步后标注预估时长。目标清晰、步骤具体，孩子在执行时更容易感受到达成目标的成就感。

3."现在是做……的时间"简明提示

避免重复唠叨，用固定格式提醒孩子："现在是整理书桌的时间，还有10分钟哦。""现在是做趣味编程练习时间。"这种简明的句式提醒有助于孩子快速进入状态，减少"催促疲劳"。

4.角色示范与陪伴

家长在执行自主计划时，也可以与孩子一起"打卡"，例如家长与孩子各做一项家务，同步开始，家务完毕后彼此互相检查进度，营造"共同对时间负责"的家庭氛围。

父母以身作则，能让孩子在潜移默化中理解：良好的时间管理，能让每个人都更高效、更从容。

不控制的父母　不焦虑的孩子

【底层逻辑】

1.时间概念发育不全

儿童与青少年对"时间"的抽象理解尚未成熟，他们更关注"当前的体验"而非"未来的后果"。缺乏对"分钟""小时"等单位的感知能力，常需要逐步发展。

2.执行功能与自我调节尚在发展

执行功能（如计划能力、任务切换、冲动抑制）在10~15岁仍处于发展阶段。孩子在面对多任务或枯燥事务时，可能容易被即时的诱惑（手机、游戏）分散注意力，从而产生拖延行为。

3.内在动机尚未建立

如果孩子主要在外部压力下去完成任务（如"怕挨骂""担心失去奖励"），他们的动机常是"规避负面后果"，而非"内心认同任务的价值"。缺乏足够的内驱力时，孩子往往较难主动遵守时间安排。

通过以上分析与实践方法，家长可以帮助孩子从"时间管理能力有限"逐步走向"学习自主管理时间"。这不仅仅是为了克服拖延，更是在助力他们未来自主学习与生活的核心能力的发展。

打着为你好的旗号，实则满足自己的控制欲

"你到底还认不认识这个房间?！" 王女士站在儿子的房门口，几乎是咬牙切齿地说。眼前是一片"灾难现场"：桌上散乱着昨天的零食袋、三天没洗的水杯，卷子和漫画混在一起，地上鞋子一只朝东一只朝西，衣服胡乱地堆在椅子上，仿佛这个空间已经"被时间遗忘"。

她13岁的儿子小源，正坐在床上拿着平板电脑看短视频，一副"这不算脏啊"的神情。王女士忍不住火气上来，吼道："你这样懒下去，长大了怎么独立生活?！" 小源则撇撇嘴，翻个白眼："我又不是不收，只是还没想好怎么收。"

这个场景是不是很熟悉？房间像战场，书包像"魔法口袋"什么都能塞，衣物堆得像山一样，找东西永远都是在"翻箱倒柜"。很多10~15岁的孩子都经历着一个"尚未建立生活秩序感"的阶段，而家长面对这些，常常觉得头痛又无力。

【错误表达】

语言暴力型

"你这猪窝还能住人？"

后果：

孩子会产生抵触心理，把整理房间与父母的负面评价紧密联系起来。青春期的孩子可能通过故意把房间弄得更乱以示反抗。

威胁型

"再不收拾，我就把你这些东西全扔了！"

后果：

孩子可能会因为害怕而短暂整理，但内心充满抵触，甚至偷偷藏起重要物品。威胁式教育无法培养真正的责任感，反而让孩子学会"应付差事"。

过度代劳型

"爸爸、妈妈帮你收，下次记得放好。"

后果：

孩子会形成依赖——"反正有人帮我收拾"。长期被包办的孩子，甚至会觉得"整理房间是父母的事，与我无关"。

比较伤害型

"看人家小丽房间多整洁！"

后果：

容易损伤孩子自尊心。可能让他们产生"我不如别人"的自卑感，甚至诱发"既然比不上，干脆放弃努力"的心理。

隐性纵容型

默默替孩子整理好。

后果：

较为危险的错误方式。这种"无声纵容"会让孩子失去对物品的基本尊重感。

【松弛教育】

1.采用"任务清单"式引导

对一些生活条理性有待提升的孩子来说，他们可能不是"不想做"，而是"无从下手"。父母可以尝试帮他们列一个可操作的任务清单，比如：

· 把地上的衣服放进洗衣筐；

· 桌面清空，只留下当天用的书；

· 垃圾袋扔出去；

· 用湿巾擦擦桌子。

每完成一项，孩子可以打个钩，这种"视觉成就感"有助于逐步建立习惯。

2.营造整理后的"奖励感"

"我注意到你最近收拾房间更主动了，真好！现在看起来很整洁，你有没有发现坐下来写作业都顺畅一点了？"

"我们今天一起大扫除，晚上点个比萨奖励一下好不好？"

这样做的目的并非要用物质奖励，而是用愉快感受去强化行为，让孩子感受到"整理不是惩罚，而是获得掌控感的一种方式"。

3.从小处着手，逐步放手

别一开始就要求孩子"一步到位"，可以先从一个抽屉、一个书包、一个桌角开始。当孩子熟悉了"整理"的流程，再放手让他们独立完成。

【底层逻辑】

1.青春期的"自我意识觉醒"

10~15岁正是自我意识迅速发展的时期。他们更关注"我是谁""我喜欢怎样的生活方式"。在这个阶段，他们可能会把"空间管理"当作"自我边界"的象征。父母一旦"强行干预"，他们就本能地要"捍卫"这个边界。所以，孩子并不是不讲道理，而是觉得"你不该控制我这一块"。如果父母愿意先"尊重"，他们反而更愿意合作。

2.环境习惯反向塑造行为

如果孩子从小习惯家长替他整理，那他自然觉得这些不是"自己的事"。但如果父母从日常生活中就引导他们"物归原位""每天用10分钟整理"，就能逐渐内化成他们自己的习惯。孩子的许多习惯行为养成，其实深受家庭氛围影响。松弛教育不是对孩子放任，而是要在日常小事中传递"责任感"和"生活管理能力"。

3."掌控感"的建立，需要从整理开始

很多心理研究都提到：整理和秩序感，是人类获得"安全感"的方式之一。孩子在整理房间、管理物品的过程中，其实是在学习"我能掌控自己的生活"。而一旦他们发现"我能让一件事从混乱变有序"，也会更愿意面对生活中的其他挑战。

所以，不妨换个角度看，"整理房间"恰恰是一条通往自律、自信的"路径"。

不控制的父母　不焦虑的孩子　▶▶

饮食习惯不健康，爱吃垃圾食品

放学回来，孩子一边刷着短视频，一边往嘴里塞着刚买的炸鸡和薯条。桌上还有一大杯奶茶，甜得齁人。你提醒他家里炖了排骨汤，饭菜热着呢，他却回一句："我不饿，我更喜欢这个。"你瞄一眼他的书包，里面还有半包辣条、两罐可乐。冰箱里你之前藏起来的巧克力也不见了。

到了晚上，他肚子疼又喊你，你一边揉着他肚子一边叹气："你吃那么多垃圾食品，身体可能会不舒服。"

到了周末，本想带孩子吃一顿家常菜，他却说："咱点个外卖吧，要不我下楼买点炸鸡。"你心里不舒服，嘴上却说不出什么好听的话，只能忍着不满，叹口气。

你开始担心：孩子这样吃，长期下去怎么行？营养不均衡，身体出问题怎么办？可你每次试图沟通，他不是敷衍就是反感，搞得你俩的关系也越来越紧张。

【错误表达】

强势干预型

"垃圾食品就是不健康，以后尽量少吃！"
"常吃这些，你会增加高血压、高血脂的风险！"

后果：

孩子会觉得你在"小题大做""说教没完"，为了反抗，反而可能变本加厉地"偷偷吃"，甚至肚子痛也不愿说出来。

冷嘲热讽型

"你看看你这肚子，还吃炸鸡？"
"难怪你长不高，整天吃这些没营养的东西！"

后果：

孩子的自尊心容易受伤，甚至可能产生身材焦虑、饮食羞耻，更不愿和父母沟通吃饭这件事。你一说，他就烦。

不控制的父母　不焦虑的孩子

情绪压力型

"我们每天给你做饭，你却更想吃外面的？"

"你是不是根本不在乎我们的辛苦？"

后果：

孩子感受到压力和内疚，这种方式可能短期有用，长期却会引发亲子关系紧张。

无底线纵容型

"唉，算了，吃就吃吧，反正他喜欢。"

"我小时候也爱吃这些。"

后果：

孩子若长期缺乏正确饮食引导，较难养成健康的饮食习惯，可能为身体埋下长期隐患，也不利于建立自控能力。

【松弛教育】

1.用"并非所有好吃的都适合天天吃"建立基本共识

"炸鸡、薯条这种东西不是不能吃，而是不能天天吃，就像你喜欢看电影，也不能天天不上学去电影院，对吧？"通过类比，让孩子知道：有些东西是"偶尔放松"用的，不是"日常必需"。

2.陪他读读"食物的秘密"，培养健康认知

可以挑一些简单有趣的饮食科普书，或者和孩子一起看相关的短视频、纪录片（如《舌尖上的中国》《早餐中国》），让他们对食物、营养、身体有直观理解。科学＋幽默，比单纯说教更有效。

3.参与选择，让孩子参与菜单设计

每周可以约定1~2次"家庭饮食会议"，让孩子提意见：他想吃什么？怎么做得更健康一点？也可以让他做家庭的"小小饮食顾问"，增强他的责任感。

4."搭配法"而不是"禁止法"

当孩子坚持要吃炸鸡，可以不全盘否定，而是这样引导："好，那我们炸鸡配个沙拉，外卖就点一份，剩下我们自己准备健康点的饮料，你来选，好不好？"

当孩子体验到"吃得也满足、身体也舒服"，他就更容易接受"有节制的自由"。

【底层逻辑】

在10~15岁这个阶段，孩子的"自主意识"迅速增强，他们不再是单纯听话的小学生，而是处在一个"开始为自己做主"的过渡期。饮食是极具"自我掌控感"的生活领域之一。想想看，从嘴里进的东西，最能体现一个人是否有"选择权"。当孩子开始对吃什么、怎么吃有自己的意见时，本质上是他成长的一部分。他渴望表达自己的独立性，哪怕这种表达方式是"我偏要吃炸鸡"。

不控制的父母　不焦虑的孩子

所以，父母越是用强硬手段试图控制，孩子反抗的情绪就越大，掌控饮食也就越容易变成"可能形成对立的行为"。

而"松弛感"在这里并不代表放任，而是代表一种"尊重 + 引导"的关系结构。父母要学会在安全的范围内给孩子足够的空间，让他体验到"选择的自由"和"选择常来的结果"，从而慢慢建立起对身体、健康的责任意识。

此外，饮食习惯的建立不是一蹴而就的。孩子今天不爱吃青菜，不代表明天也一样。关键是环境和氛围是否可以长期提供"可选择、可参与、可理解"的机会。你越能让饮食成为一个可以对话、可以持续探索的生活场景，孩子就越愿意慢慢调整。

智慧锦囊

儿童养成新习惯的速度是相当快的，而且所养成的不够理想的习惯，可能成为以后养成更健康习惯的一些阻碍。假若起先形成的习惯是好的，就能够减少以后的调整难度；尤为重要的是，对以后的生活来说，最初获得的良好习惯奠定重要基础。

运动量严重不足，整天宅着不动

周末的中午，阳光灿烂，院子里的孩子在玩篮球，你家孩子却窝在沙发上，刷着短视频、打着游戏，没什么动静。你喊了他好几次："出去走走，活动一下，别总宅在家里。"他头也不抬："外面那么热，出去干吗？"

你提议："要不去打打羽毛球？"他撇撇嘴："不太有意思。"

你又试探："咱去附近爬个小山？"

他翻个白眼："你怎么这么爱折腾？"

你终于忍不住火气，开始念叨："总是不活动，身体的状态可能变差！"他立刻不耐烦地回嘴："烦不烦啊，我自己的身体我不清楚吗？"

你觉得委屈又焦虑：怎么现在的孩子活动积极性不高？以前我们小时候放学都是跑着回家的，现在的孩子连楼都不愿意下。他这样下去，长期来看怎么行？

【错误表达】

指责式唠叨

"你看看你，老坐着，状态不太活跃！"

"我小时候早就满街跑了，你这样长期下去可能不太好！"

后果：

孩子感觉自己被批评、被否定，心里先是委屈，然后是反感，最后索性"你越说我越不动"。

制造恐吓焦虑

"整天不运动，小心得肥胖症、高血压、脂肪肝！"

"你以后骨头可能变脆弱，容易受伤！"

后果：

孩子短期可能被影响，但内心更多的是"不服"或"恐惧"，不会从内在产生持久的改变动机，甚至认为父母只是"吓唬我"。

命令式推动

"今天必须跟我去跑步，不许拒绝！"

"我已经报好健身课了，你必须去！"

后果：

孩子失去选择权，觉得运动变成了"负担"而不是"放松"，最终形成"抵触心理"，甚至对某些体育活动产生反感。

过度焦虑的自责

"是不是我小时候没带他多运动？"

"我没给他营造更好的运动氛围，是不是我的错？"

后果：

家长进入内耗模式，焦虑却没有行动。孩子则更容易"习惯性少动"，缺乏榜样刺激和正向引导。

【松弛教育】

1.营造"家庭活动氛围"，而不是"强制推动风格"

运动需要氛围，一个家人常坐着的家，孩子自然也不会爱动。不妨从家庭环境入手，创造"随时可以动"的环境。比如：

不控制的父母　不焦虑的孩子 ▶▶▶

- 家里放一些瑜伽垫、弹力带、小哑铃或运动球。
- 周末定一个"亲子户外时间"：不为锻炼，只为走走聊聊。
- 家长自己先动起来，孩子更可能模仿。

你可以说：

"我先去做几组深蹲，你帮我数一数？"

"想不想跟我一起去楼下走个10分钟？边聊边走。"

2.让身体给出"积极反馈"

让孩子亲身体验运动带来的"积极感受"，才更愿意继续运动。比如：

- 跑步后更容易入睡。
- 打球后心情愉悦。
- 骑行完食欲更好。
- 一周三次运动后，气色更好。

你可以说：

"你昨天跑完步是不是晚上睡得更香？"

"这次运动回来你精神看起来不错，感觉怎么样？"

只要孩子开始体会到"我动了之后，身体感觉更舒服"，他们往往就愿意动起来。

【底层逻辑】

10~15岁的孩子正处在人生中第二个"生长高峰期"，身高体重迅速变化，骨骼、肌肉和内脏系统也在全面发育。这一阶段的运动，不只是为了"瘦"或"强壮"，更是为了"健康地成长"。但是，孩子在这个阶段的自主意识很强，不喜欢"被安排"，如果运动被贴上"父母强制要求""被强迫"的标签，那就会从"生理需要"变成"心理抗拒"。

更重要的是，孩子的认知仍在发展，他们正逐步建立"健康生活 = 自我负责"的意识。因此，你越强调"必须运动"，他越觉得"那主要是为了你，不是为了我"。

松弛感父母要做的，是在这个阶段"支持孩子发现运动的乐趣"。不是靠控制，而是靠陪伴；不是靠道理，而是靠体验；不是靠焦虑，而是靠信任。

运动是一种生活方式，而生活方式的形成，往往源于"身边人的影响和示范"。你动，他看；你笑着动，他试着跟上；你享受，他也可能慢慢感受到乐趣。

智慧锦囊

　　人类依靠努力获取独立。所谓独立，就是无须别人帮助就能独自做某事。孩子一旦获取了独立，即能较快获得进步。否则，其进步可能较缓。领悟了此道理，我们或许能恰当地引领孩子迈向独立之路。

CHAPTER 03

学习问题篇

非常抵触某科目老师

晚饭时间，孩子刚放学回来，一脸阴郁地扔下书包。你问他："今天在学校怎么样？"

他冷哼一声："别提了，又是那个老师上课，听他说话就烦！"

你有些惊讶："哪个老师？"

"还用问？当然是数学那个'老古董'，讲得又慢又啰唆，考试题目还特别难，我才不听他的课！"

你试着缓和气氛："可能他只是想你们思考得多一点。"

孩子立刻反应激烈："你懂什么？他上课就是没意思！"

你发现，最近孩子数学成绩明显下滑，作业不交，课堂内容也一问三不知。再细打听，才知道他在课堂上几乎"屏蔽"了这位老师，连眼神交流都没有。

你心里有些担忧：是学科难度增加，还是老师让他学习积极性降低了？

【错误表达】

孩子强烈抗拒某位老师时，很多家长第一反应是"压制情绪""纠正态度"，而不是"倾听动机"。

1."人家是老师，你凭什么不尊重？"

这句话看似在维护权威，实则忽视了孩子的感受。他听到的不是"要尊重老师"，而是"你的不舒服不被允许"。结果可能是他越觉得被压抑，越抵触那位老师，甚至迁怒整门学科。

2."你又不是来喜欢老师的，是来学知识的！"

这类话割裂了"人际关系"与"学习体验"的联系。实际上，青春期孩子的情绪感知很敏锐，"师生关系"显著影响他们的学习参与度。他们的确更容易"凭感觉"学习，如果感觉"不被理解""不被尊重"，学习可能变成一种被迫。

3."换个老师你就能学好吗？问题还是出在你自己身上！"

把原因主要归咎于孩子，让他们陷入"是我有问题"的内疚中，不仅无助于改善师生关系，还可能加深孩子的自我否定。

4."你这么说老师，我找他谈谈！"

这看似是为孩子出头，但很多时候孩子会反感"被曝光"，从而更加闭口不谈，甚至用更强烈的对抗来"保护自我空间"。

【松弛教育】

1.理解情绪存在，引导表达方式

孩子说"讨厌老师"，往往是因为感受到了羞辱、不被理解，或无法沟通。你可以尝试把"讨厌"这个模糊的词拆解成"具体事件"（如果孩子愿意），孩子才更有机会从情绪中跳脱出来，变得理性。

"你可以不喜欢一个人的风格，咱们聊聊你为什么不喜欢？"

"有没有具体的事让你觉得不舒服？是他的说话方式？讲课方法？还是某些行为让你觉得有偏见？"

2.维护对老师的基本尊重，但不过度美化权威

有些家长一听孩子说老师不好，立马跳起来维护老师："老师不会错！"这会让孩子觉得你站在老师一边。不如这样说："我们暂不评判一个人如何，而是看他能不能帮到你。如果暂时不理想，我们就用其他办法补上。"

3.把注意力从"人"转向"方法"

如果某位老师教学风格确实不适合孩子，父母也可以帮孩子寻找"替代路径"。这样既不否认孩子的感受，也帮他主动寻求突破，掌握学习主动权。

网络课程：鼓励他尝试自学该科目，寻找适合的线上教学风格；

同学互助：帮他和擅长这门课的同学互问互答；

课后教辅：适当利用其他资源补充，不完全依赖课堂输入。

【底层逻辑】

1.孩子表达对老师不满，其实是发出情绪信号

青春期的孩子开始追求被理解，被尊重，但表达能力还不成熟，容易用"讨厌"来表达负面情绪。这并不是必然的"厌恶"，而是"挫败感"的一种表现。父母要做的是识别这些"信号"，而不是纠结"他是不是有资格讨厌老师"。比如：

· 觉得老师偏心——"他根本不公平"；

· 觉得老师批评严厉——"他就是针对我"；

· 听不懂课堂内容——"他讲得太烂"。

2.青春期的孩子更在意"关系"而非"任务"

研究发现，青春期孩子对教学效果的判断，很大程度上建立在"老师是否理解我"的基础之上。这意味着：师生关系显著影响了他们对整门学科的投入度。这不是"情绪化"，而是心理发展特点。因此，松弛感父母不能一味灌输"成绩重要""任务为主"，而应帮助孩子应对"关系与责任"带来的挑战。

3.个体差异客观存在，关键是培养适应力

世界上很难有"每个老师都合你心意"的情况。与其只教孩子"怎样避免不合拍的人"，不如引导他"如何在不同风格下找到适合自己的学习节奏"。这不仅是学业适应，更是成长中的重要一课。

越做主越独立，多给孩子做主的机会

【场景还原】

晚饭后，你和孩子坐在餐桌两边，他拿着作业本叫住你："妈，这道题我不会，帮我看看。"你放下筷子凑过去一看，是一道常规数学应用题，认真读题便能理清思路。

你忍不住问："你有没有先自己思考？这不是课上刚学的吗？"

孩子挠挠头："没有啊，我一看就头大，不知道从哪儿下手。"

你试着让他读题、分析、列式，可他显然心思不在这儿，一边"嗯嗯嗯"，一边眼睛瞟向手机的方向。你有些着急："你是不是遇到困难就不太想思考？题一难就来找我，那你自己怎么能学到东西呢？"

孩子开始烦躁："你到底帮不帮嘛，每次都这样说我。"坏情绪一触即发，气氛急转直下。

不控制的父母　不焦虑的孩子

你明明想帮他学会思考，但他似乎更依赖你了，遇到难题容易退缩，一有难题就推过来，仿佛学习的压力是全家的事。

【错误表达】

1."这么简单你都不会？你上课到底听没听？"

否定式表达让孩子觉得沮丧，降低了他们再尝试的意愿。他们以后可能宁愿"装傻"，也不愿"出错"。

2."来，我教你——"然后家长开始讲题、代写

包办式帮助，可能剥夺了孩子独立思考的机会。长期下来，孩子可能会越来越缺乏"试错"的锻炼，遇事容易依赖大人解决。

3."你想不出来就别做了！"

这是一种回避的方式，看似潇洒，其实可能传达出"问题重要性不大"的信号，让孩子逐渐丧失对难题的探索欲。

4."别来烦我，自己搞定。"

拒绝式反应不但难以建立责任感，反而可能伤害亲子信任。孩子下次或许会更早"投降"，或者干脆应付了事。

后果总结：

· 孩子容易形成"难题＝大人来搞定"的思维惯性；

· 思维能力提升受限，遇事容易卡壳；

· 自我效能感可能下降，对学习感到缺乏掌控感；

· 家长容易疲惫、焦虑，对孩子产生失望情绪。

1.引导孩子"不急着问，先试着想三步"

比如你可以和孩子约定"遇题三步走"方法：

第1步：画图/找关键词——鼓励他自己动手处理题目信息；

第2步：尝试列式或找类似题目对照；

第3步："告诉我你目前为止思考到了哪一步。"

家长不是"马上给答案"，而是"帮他理思路"。

2.鼓励"尝试的勇气"，不要一错就批评

很多孩子一遇难题就问，是怕错、怕被骂、怕浪费时间。家长要理解并支持他"尝试—发现问题—修正"的过程。

话术示例：

"你这个方法虽然没成功，但思路挺有意思，我们来看看哪里可以调整。"

"你自己尝试写下来吧，别担心对错，我们一起看看能不能找到更好的方法。"

3.构建"错题本"机制

引导孩子将不会做的题、做错的题单独整理，变"难点"为"成长点"。关键是，让他自己来总结。可以一起制作"错题反思小卡片"，这比单纯讲题有价值得多。

· 我是怎么做的？

· 我哪里需要改进?

· 我以后看到类似题目该注意什么?

【底层逻辑】

孩子遇到难题就求助,可能不是"懒",更可能是这几种心理和能力因素共同影响的表现:

1. "对失败的担忧"作祟

在成长中,孩子可能一再听到"你怎么连这个都不会""做错了怎么还笑",久而久之,他们可能认为"出错 = 不够好 = 可能被否定",于是倾向于不尝试,直接求助。

2. "父母全能"模式的影响

如果一个家庭中父母习惯性替孩子解决很多难题,比如作业、生活琐事甚至人际冲突,孩子会逐渐形成"依赖"的习惯,减少用自己的方式思考的机会。

3. 自我效能感有待提升

孩子对自己的能力信心不足,常常处于"我可能做不来"的状态,自然较难独立完成任务。这种心理倾向长期存在,将影响到他日后的学习、职业选择与人生规划。

松弛感的父母,懂得在支持与放手间寻平衡。他们懂得在孩子思维卡顿时,给予耐心和方向;在孩子探索中,给予尊重和鼓励。陪伴孩子走过"难题区",是帮助他建立信心、掌握方法和获得成长感的关键一步。

孩子厌学，"你到底在为谁读书"

【场景还原】

某个周五晚上，你提醒孩子："别玩太久，作业还没做。"

他抬头反问："做这些有什么用？我又不想考清华。"

你一怔："不是为考试，是为你以后有更多选择啊。"

他冷笑一声："那谁谁不上学现在不也赚大钱？反正上学好像没啥用，学了那么多东西将来不一定用得上。"

你顿时感到生气："你这是什么态度？读书不是为了挣钱，是为了让你拥有更高的认知和选择能力！"

他不吭声了，摔上门躲进房间，把耳机音量调到最大。

你站在门口，心里五味杂陈：他才初中，怎么就表现出这么强的厌学情绪了？这到底是青春期的一种表现，还是对学习感到失望了？

当孩子开始表达"上学到底有啥用",不少家长会情绪失控,说出以下"高频语录":

1. "你不上学还能干什么?打工都需要知识!"

这句话容易让孩子感到被否定,却没有提供任何方向,会让孩子觉得被打击,只想关门远离你。

2. "我当年连学都没得上,你现在还不珍惜!"

对比过去难以增加学习动力,反而可能加重孩子的内疚或逆反情绪。他并不会因此理解你"吃过的苦"。

3. "你要是成绩上不去,就别想玩手机了!"

简单粗暴地用"管控"压制"动机",可能短期有效,但长期容易引起更多抗拒,孩子变得更烦、更想逃避。

4. "你就是不懂事!"

这句话潜台词容易否定人格,打击自信,还会堵死沟通通道。

后果总结:

· 孩子可能愈发抗拒学习,想逃避学业,甚至影响学习状态或情绪;

· 家长以为在激励,其实在强化孩子对"学习=痛苦"的认知;

· 家庭气氛紧张,亲子沟通断裂,孩子可能关闭情绪窗口。

【松弛教育】

1.尝试帮助孩子连接内在动机，而不是一味谈"责任""任务"

内在动机，是孩子从兴趣、成就感、目标中找到的前进动力。可以尝试把注意力从"成绩/排名"更多转移到"体验/成长"上，减少为了奖惩、父母期待或社会标准而被动学习。

你可以尝试陪他回忆：

"你有没有哪一门课是以前觉得有趣的？"

"有没有哪次学会了某个知识，觉得很有成就感？"

"有没有哪位老师说过的话让你觉得特别受用？"

2.构建"未来可见感"，哪怕它不伟大

孩子往往不需要你告诉他"努力是为了改变命运"，他需要看到更具体的未来。比如，"你不是喜欢打游戏吗？如果以后能参与游戏设计，那就需要数学和英语。"或者，"如果你想早点赚钱，那就先得搞懂怎么开店、怎么推广、怎么算账。"——这些都离不开学科知识。即使孩子现在不追求考大学，也能从生活的角度看到"为什么要学习"。

3.和孩子"站在一起"，而不是"站在学校一边"

很多孩子学习缺乏积极性的根源在于，他们觉得老师不懂他们，父母也总在逼他们，就没人"站在自己这边"。你要成为那个理解

不控制的父母　不焦虑的孩子

他、陪着他、愿意听他吐槽又愿意帮他走出来的大人。你可以对孩子说："你现在不想学了，我不怪你，但我想知道你真实的感受。"

【底层逻辑】

孩子的厌学情绪并不是"任性或幼稚"，而是多个心理机制交织的结果：

1.自我价值感受挫

长期成绩不理想、被否定、被拿来和别人比较，会让孩子觉得"我不行""我做什么都没用"，于是容易放弃。

2.意义感缺失

如果孩子看不到学习和他的人生目标之间的联系，就会觉得这是一场"看不到意义的努力"，自然没有动力。

3.学习方式可能不合适

有的孩子是动手型、感官型、项目型学习者，而传统教学偏向灌输式、死记硬背。他们不是不聪明，只是学习方式不同。

4.情绪压力未被关注或处理

青春期情绪起伏、社交焦虑、父母压力……这些都可能影响学习状态，因为学习可能成为表达反抗或逃避压力的一个常见途径。

当孩子说"上学没用"的时候，他常常不是在否定知识，而是在表达对学习方式、节奏和意义的迷茫与无力。我们不必过于担心孩子质疑学校、质疑学习。一个能表达疑问的孩子，比一个表面听话但内心空洞的孩子，更接近真正的成长。

12

考前紧张，过度焦虑成绩

还有两天就要期中考试了，家里气氛却比高考现场还紧张。

孩子坐在书桌前，一会儿翻书，一会儿发呆，嘴里念叨着："完了完了，这次可能考不好。"

你走过去，轻声安慰："别太紧张，尽量放平心态。"

他反应很大："你不懂！我脑子一片空白，怎么办？！"

你继续安慰："尽力就好。"

他烦躁地打断你："你知道我压力有多大吗？万一考砸了怎么办？"他越说越激动，眼圈开始发红，手指甚至发抖。你想拉他抱一下，他却推开你："别碰我，让我一个人静静！"

你回到客厅，心里不是滋味：明明付出了努力，为什么他还这么焦虑？到底怎样才能帮他缓解压力？

在考前压力大时，很多家长下意识会说出一些"本想安慰却可能起反效果的话"。

1."考前紧张很正常，试着调节一下！"

这句话貌似鼓励，实际上可能忽略了孩子的情绪痛苦。焦虑不是靠"忍"能解决的，而是需要被理解与疏导。

2."你想那么多干吗？做好自己就行了。"

这类"理智型劝说"忽略了孩子此刻处在"情绪波动较大的状态，可能听不进逻辑，容易感到"我很糟糕，却还要假装没事"。

3."紧张个啥？你不就是没背完几页书嘛！"

轻描淡写问题的实质，会让孩子觉得自己"太脆弱"，更羞于表达真实情绪。

4."别丢我们的人啊，花这么多钱补习，你别白费了。"

这类"压力再加码"的言语，容易让孩子压力更大。

后果总结：

· 孩子感到"不能焦虑"，反而加重情绪压抑；

· 家长和孩子之间情绪连接断裂，孩子可能进入"孤岛模式"；

· 长期更容易形成"考试即焦虑"的条件反射，出现厌考、厌学、失眠等情况。

【松弛教育】

"理解孩子压力的父母"不是鼓励孩子"无所谓"，而是帮助他们在高压情境下，学会调节、放松、掌控情绪，减少被情绪过度影响。

1.承认情绪存在，别急着转移话题

孩子压力大时，大多数人第一反应是："别怕，没事的。"但这句话会让孩子觉得："你不懂我。"比较有效的方式是让孩子"表达"焦虑，而不是让他"压住"焦虑。

"你是不是觉得自己还没准备好？"

"是不是脑子里想象了一些糟糕的后果？"

"我能理解你担心考试的感受，这种时候确实容易很慌。"

2.帮孩子建立"多维自我认同"，不让成绩"定义全部"

许多孩子考试压力大，是因为他们过于看重"成绩＝很大一部分自我价值"，一旦考不好，仿佛受到了很大打击。父母要帮助他们重新看见：你是一个"有多面闪光点的人"，成绩只是其中一个维度。比如对孩子表达："我很欣赏你一直认真备考。"

3.考前一天，不要"围着学习转"，要帮助他"放松心情"

考前那天最重要的不是"临阵磨枪"，而是"调整状态"。

可以陪孩子看一小段轻松的电影、听会儿音乐、一起散步聊天。做点日常但不功利的事，会让他从"备战"状态回到"生活"状态，有助于第二天临场发挥。

不控制的父母 不焦虑的孩子 ▶▶▶

【底层逻辑】

孩子考前压力大，是他们对"不确定"的恐惧，而不是"没学好"或"玻璃心"。理解这些底层机制，才能真正帮他们减压。

1.青春期大脑情绪反应比较强烈

10~15岁孩子大脑发育尚未完全成熟，这让他们在面对压力时容易放大担忧，理性思考暂受影响。你说"考完还有机会"，他可能理解成"我不够好"；你说"没事，尽力就好"，他脑子里可能仍然反复演练失败后的场景。这不是他不懂道理，而是"情绪暂时接管了驾驶舱"。

2.社会评价压力在他们心中逐渐增强

初中阶段是"社会比较"迅速增强的时期。他们逐渐在意老师怎么看、同学怎么看、亲戚怎么看，外部声音变得非常重要。一场考试不仅决定分数，还让他们担心被笑话、被认为是"失败者"。

3.缺乏"调节情绪的方法"

孩子不是不想缓解压力，而是可能缺乏有效的方法。没人教他们如何呼吸放松、如何安排节奏、如何积极面对负面情绪。"松弛感父母"要做的是，提供这些方法，而不是期待他们立即平静下来。

考试作弊

【场景还原】

期中考试结束，家长会上，老师私下找你，说："这次你家孩子的答案和相邻座位同学相似度很高，我们也在观察中……"

你压住怒火回到家，试探着问他："你这次考试感觉怎么样？"

孩子低着头，语气很淡："还行吧。"

"有没有哪题是受到同桌启发的？"

他瞬间警觉："你什么意思？我没抄别人的！"

你正色道："老师说你们答案很相似。"

他情绪激动："我只是看了一眼，这确实不对，但当时觉得没什么。"

你气不打一处来："你知道这叫作弊吗？！"

他顶嘴："别人都在抄，我就看一下怎么了？你之前也没教过我遇到不会的题怎么办啊！"

那一刻，你的心凉了半截：孩子作弊，还不当回事？他从前不是挺讲原则的吗？

【错误表达】

当家长发现孩子有作弊行为时，第一反应常常是"愤怒+羞耻"，于是会说出一些"情绪化重锤"，但这些并不利于孩子认识错误。

1."你这样的行为让家人很失望！"

这种说法让问题升级到"家庭荣誉"层面，孩子会陷入"我羞耻到想逃"的状态，而不是"我认识到错了"。

2."如果诚信有问题，将来还怎么做人？"

把一次行为上纲上线到"人品败坏"，会打击孩子的自我认同。他可能会想："我反正都被贴标签了，改不改已经不重要了。"

3."别人都没抄，就你这么胆大！"

这句话背后的暗示是"你最差"，实际上，有很多孩子作弊正是因为觉得"大家都在抄"。

4."你现在作弊，将来触犯法律怎么办？"

恐吓式说教，不仅让孩子失去沟通欲望，还可能促使他们用"撒谎"来遮掩下一次的错误。

后果总结：

· 孩子为了逃避惩罚，可能学会更高明的"隐藏"；

· 不再向父母倾诉，误以为"只要别被发现就行"；

· 心里的自我约束力减弱，更多依赖外界评价主导行为。

【松弛教育】

1.区分"行为"和"人"，不否定整个人

孩子有不当行为，不等于"他是坏孩子"。父母应该情绪上"站在他这边"，理性上"明确底线"，这是建立沟通桥梁的关键。

"我们不接受违反规则这种行为，但这不代表否定你这个人。"

"你当时可能有很大的压力或不安，才会选择这样的方式，我希望我们能一起面对原因。"

2.和孩子一起"探讨动机"，而不是"训完拉倒"

比起惩罚，更重要的是理解：他为什么这么做？是因为不自信？害怕失败？成绩焦虑？怕被比较？当孩子表达出自己当时的无助、恐惧或从众心理，才有可能建立责任感。

"当时你是怎么决定那一刻看别人答案的？"

"如果没有这么做，你最担心会发生什么？"

"你希望我怎么支持你，以后遇到不会的题用正确的方法解决？"

不控制的父母 不焦虑的孩子

3.不纵容，但允许"重建信用"

违反规则的行为不能轻易揭过，需要孩子有"承担+修复"的过程。可以让他给老师写一封说明情况的信、主动承认错误，并提出补救计划。当你不把错误当成"死胡同"，孩子才愿意改正。

"诚信是可以被重建的，不是一次错就无法挽回。"

"你要负责，也要勇敢面对后果，这就是成长的一部分。"

【底层逻辑】

1.青春期孩子的"规则意识"还在发展

10~15岁的孩子开始建立"自我判断"体系，他们正在从"怕被惩罚"过渡到"懂得规则的意义"。这个阶段，他们会尝试挑战边界，探索规则的模糊地带。他们会问："如果没人看到，这算错吗？""如果大家都在看，我不看是不是吃亏？"家长如果一味打压，只会逼出更多"表面乖，暗地来"的伪装。

2."对成绩过度重视的压力"让孩子可能走"捷径"

在"过度重视成绩"的环境下，孩子很容易认为"考试好＝被肯定""考试差＝被贬低"。于是他们会想："如果我看别人答案能拿个好成绩，就能避免被骂、被比、被否定。"寻求不当帮助成了一种"应对压力"的手段，而非"主动伤害规则"的恶意。这正是我们要看见的——他们不是没底线，只是迫切想要达到要求。

考试违反规则不是孩子本质有问题，而是他们在焦虑、迷茫和压力中"走错了路"。父母的角色，不是"举起鞭子"，而是"点亮灯塔"。你的冷静、坚定、温和，是他重回正轨的最好引导。

14

拖延症的背后，往往是逃避

【场景还原】

"你作业写了吗？"

"写了。"（其实只写了半页）

"那语文数学都写了？"

"语文写了。"（数学压根没碰）

"语文哪一科？"

"语文就是语文啊……"（其实是默写，阅读题还空着）

这是很多家长每天傍晚和孩子之间常见的"对话场景"。

更令人困扰的是，有的孩子作业未完成，还把"作业没带""老师没留""写完但忘带"等理由准备得非常充分，甚至还会将没写完的本子藏起来，家长一问就情绪激动："别管我，我自己知道写！"

不控制的父母　不焦虑的孩子 ▶▶▶

对于家长来说，这一类"作业难题"已经不止是"写与不写"的表面问题，而是涉及了亲子关系、动力机制、学习态度等一系列深层次的问题。

【错误表达】

施加压力式催促，制造高压氛围

"你还有没有点责任感？"

"你现在不学，将来找不到一个好工作！"

"快，作业拿来我陪你写。"

这种高压力、带有指责的催促，也许能暂时起到"立马写"的效果，但从长远来看可能以亲子信任为代价。孩子会逐渐降低内在学习动力，对作业产生对抗情绪，甚至为逃避压力发展出"假装写""隐瞒应付""拖延症"等应对方式。

疏离式放弃，不问不管

"你爱写不写，作业确实不是我交。"

"这样下去影响学习进度，我看你怎么面对老师。"

这种"断崖式"放手，其实并不是"松弛"，而是无助和愤怒下的一种反应。孩子表面看似"自由"了，实际上可能缺少必要的引导，也可能陷入困惑。

父母替孩子完成

"手抄报我帮你做，赶紧收拾准备睡觉。"

看似是一种"为了孩子好"的善意，但其实会让孩子逐渐形成"反正有爸妈帮助"的依赖思维。他们可能不会真正对自己的作业负责，基本的时间感和计划能力也会受到影响。

【松弛教育】

1.不急于纠错，尝试了解情况

与其立刻质问"为什么不写作业？"，不如先关心今天在学校发生了什么，老师讲的内容懂不懂，有没有哪一部分觉得比较难或不太想学。你可以这样说：

"我发现你今天作业还没开始/没完成，是不是有觉得困难或不大想写的科目？"

"你对今天的内容感觉怎么样？有没有不太明白的地方？"

2.具体而温和地设定时间边界

不要只说"赶紧去写作业"，那是模糊指令。可以换成一起制订具体的计划，比如："我们商量一下作业时间表，晚饭后7点开始，9点半前写完，你中间可以休息10分钟。"同时提醒，执行过程中不需要反复催促，而是共同关注计划的结果。

3.强调过程，不只看结果

很多家长关注的只是"作业写完了吗"，其实可以更关注写的态度和努力过程。你可以说：

"这次你是尝试自己安排时间完成的，真不错。"

"这篇作文你虽然写得不长，但比上次更认真了，我能看出来你在努力表达自己。"

这种关注努力过程的反馈，比"你这字太丑了""这又是乱写的吧"更有正面作用。

【底层逻辑】

真正有效的教育，是协助孩子从"被要求完成作业"，逐渐走向"愿意完成自己的学习任务"。写作业是学习过程的一部分，成长才是目的。而你要做的，不是作业的"监工"，而是孩子成长旅程中的"支持者"。这背后有几个关键点：

1.孩子可能不是不想做，是不会安排

很多孩子需要指导，该先写哪一科、需要多长时间、如何做计划，不然的话，结果可能拖拖拉拉，最后选择不写。引导他们"如何安排时间"，比强迫他们"马上去写"更重要。

2.孩子可能不是无所谓，是不敢面对失败

有的孩子作业不会写，怕被批评、怕被嘲笑，于是选择不写、不告诉你。这其实是因为他们很在意结果。家长要调整对"分数"和"完美答案"的过度关注，多鼓励他们的尝试和付出的努力。

3.孩子不是对立，而是在寻求自我确立

拒绝写作业，其实也是他们"尝试获得掌控权"的一种方式。你越逼，他越反。你给予一些空间，他或许会主动一点。

4.亲子关系是学习动力的重要基础

孩子愿意写作业，从来不只是因为"老师要求"，而是因为"我愿意为自己负责""我想让爸妈了解我的努力"。这种内驱力，建立在良好的亲子关系之上。你要做的，不是盯着他写，而是信任他、陪伴他、引导他。

智慧锦囊

孩子拥有自主的能力。教育上最重要的问题之一是：如何在给予这种能力的同时，提供必要的引导。

CHAPTER 04

社交行为篇

和同学打架

【场景还原】

下午5点半，初一男孩小辰刚从学校回到家，门一关上，书包随手一甩，人瘫在沙发上，一脸怒气和委屈。妈妈刚从厨房探出头，问："今天怎么回来这么晚？脸怎么红了？"

小辰一边撸袖子一边怒道："我跟王强打架了！他非要抄我的作业，我不答应，他就来抢，我就跟他打起来了！"

妈妈瞬间很生气："打架？！你怎么可以这么冲动！你知道自己现在是初中生了吗？解决问题的方式可以更成熟一些。"

小辰吼回去："他先动手的！难道我站在那儿让他打吗？"

晚饭桌上火药味更浓。爸爸也加入劝说："行事冲动解决不了任何问题。你给我记住，如果再有一次学校因为类似行为通报你的话，就别想再打游戏！"

小辰脸一沉，闷不吭声地扒饭，手指用力抓着筷子，眼神里全是委屈和怒气。大人觉得这是"需要引导的行为"，孩子却觉得没人理解自己，心里很难受。

【错误表达】

1.只关注行为，忽略原因

"你怎么又和同学打架了，不觉得丢脸吗？"

这种表达一上来就贴标签，把孩子置于"做错了事"的位置上，忽略了事件的来龙去脉。孩子不但无法为自己辩解，还会觉得父母站在"对方"的立场，进一步失去安全感与信任。

2.用惩罚威胁，强化冲突观念

"再有一次我就让你尝尝什么叫家法伺候！"

这类"依赖处罚"的方式，表面上让孩子"怕了"，实则在潜意识里可能强化了"强硬手段可以解决问题"的错误观念。孩子可能会变得抵触沟通，或者干脆什么都不说，把真实的情绪和问题深埋起来。

3.情绪绑架，过度失望

"妈妈很失望，这么大了还动不动用冲动解决问题！"

这类话最容易刺伤孩子的心。对10~15岁的孩子来说，自我认知正处于发展阶段，父母的话语极易内化为自我评价。一句不被认可的话，很可能让他们觉得"我是不被爱的""我做什么都不对"。

4.漠视孩子感受，一味劝退

"你以后离他们远点，不理他们不就完了。"

这类话表面是"劝和"，实则是逃避。孩子面对人际冲突时，需要学习的是应对方式和自我调节的能力，而不是一味逃避。如果忽略他的情绪和原因，只会让他觉得"没人懂我"。

【松弛教育】

1.先听孩子把话讲完，再谈如何处理

"你今天看起来挺激动的，跟我说说事情怎么发生的。"

这样的开场，传递出的是理解和尊重。让孩子先把事情说出来，他会感受到"爸妈关心我的感受"，从而更愿意配合沟通，也更容易反思自己的行为。

2.情绪"解冻"后，再引导反思

"如果再遇到类似情况，怎么处理才能保护自己又不激化矛盾？"

不要立刻批评，而是转成"情境式提问"，让孩子主动思考。当孩子从"我委屈"过渡到"我可以怎么做"，才是他真正从冲动走向成熟的开始。

3.引入"选择—后果"机制，而非简单惩罚

"用争执甚至动手的方式，可能让你当时出一口气，但也可能带来不愉快的后果，比如导致同学关系紧张或学校处分，这样的代价你愿意接受吗？"

与其恐吓，不如把可能的后果平和地告诉孩子，交由孩子"选择"。他会逐渐意识到，每个行为都是有影响的，成熟的做法是用更有效的方式处理问题。

4.教孩子"有分寸地表达愤怒"

"其实生气是正常的情绪，关键是怎么表达。要不要我教你几种'有用'且尊重他人的表达方式？"

【底层逻辑】

1.青春期的"自尊爆棚+情绪管理能力在发展中"

10~15岁的孩子渴望被尊重，但同时情绪调控能力仍在发育阶段。一旦觉得"被冒犯""被侮辱"，就容易通过激烈行为来"找回面子"。动手冲突，其实是他们在用当时能想得到的方式捍卫自己。

2.家庭不当沟通方式是潜在诱因之一

很多家长并未意识到，自己平日里的讲话方式有时充满了压迫和贬低。孩子耳濡目染，潜意识就把"强硬、对抗"当成了解决冲突的方式。家庭是情绪管理的重要课堂。若父母经常暴怒、咆哮，孩子学会冷静的难度就更大。

3.同伴关系对青少年"非常重要"

这个阶段，孩子从"依附父母"向"融入同伴"转变，他们的情绪容易受朋友影响。一次羞辱、一次误解，在我们眼里是小事，在他们眼里可能是"尊严被践踏"。所以，"你为什么为了点小事就打架？"这类话，其实是忽略了孩子内心的感受。

孩子间的冲突既是需要引导的"教育契机"，也是通往"情绪教育""边界意识""人际管理"的入口。父母应从理解出发，用智慧引导孩子成长。

给同学取不雅绰号

【场景还原】

"死胖子来了，快让一让，小心椅子被压断！"一群初中男生在走廊起哄大笑，脸上满是调侃和戏谑。而被喊作"死胖子"的张宇，脸一红，低着头快步往教室里走，眼神里尽是难堪。

"他才不在意呢，平时自己也笑，说明他能开得起玩笑。"班上几个孩子这样对老师说。可实际上，每天下课后，张宇都一个人躲在洗手间，直到上课铃响才慢吞吞地回到教室。有一次，他偷偷在作文里写下："我不知道为什么他们老这么叫我，我又不是猪。我想转学。"

而你可能没想到，带头给张宇起外号的，正是他最好的"朋友"阿浩。阿浩回家后向妈妈炫耀："我们今天叫张宇'宇宙胖’，超搞笑的，他也没生气。”

妈妈边做饭边笑着回应：“哎哟，你们男孩子就喜欢这样，闹着玩嘛，不打不相识。”

可她不知道，她一笑而过的“闹着玩”，可能正悄悄把孩子推向了“语言霸凌”的起点。

【错误表达】

1.“没关系的，你只是开玩笑。”

这种态度容易让孩子误以为“只要不打人，开玩笑就没问题”，从而模糊玩笑与伤害的边界。许多校园语言霸凌就是从“开玩笑”开始，逐渐升级的。孩子可能无法判断“玩笑”和“伤害”的界限，只会在默许中逐渐变得麻木。

2.“谁叫他长那样呢，你又没说错。”

这类话表面是“事实陈述”，实则可能助长刻板印象和歧视。外号往往聚焦外貌、身高、体形、声音等难以改变的特征。这种“说实话”的攻击，可能对被取外号的孩子自尊造成打击，也容易让纵人取外号的孩子形成对“弱者”的优越感。

3.“人家都不在意，你管那么多干吗？”

有些孩子并非真的“不在意”，而是碍于面子、缺乏表达能力或者不敢表达。大人如果轻描淡写地否定他人的情绪，孩子也可能学会忽视别人的感受。这种“情绪感知迟钝”可能成为他人际关系中的障碍。

4."你小时候也被叫过外号，还不是好好的？"

这是典型的"经验类比式否定"。不同孩子的心理韧性和情绪敏感度存在差异，不能一概而论。把成年人的适应性硬套用在成长中的孩子身上，可能造成更多误解，或忽视当下的感受。

【松弛教育】

1.引导共情，支持孩子换位思考

"如果别人每天叫你'大耳朵''猩猩哥'，你会是什么感受？"

不要直接打压，而是用设身处地的提问，支持孩子自己站在被戏弄者的角度。当意识到"我可能也会不舒服"，他们才更能真正体会到对方的不悦，而不仅是"被大人要求"去理解。

2.不批评标签，而是探讨行为

"我知道你可能只是想开个玩笑，不过如果这个玩笑让别人感到受伤了，它就不是一个'好玩'的玩笑了。"

从"行为评估"入手，而不是"人格批判"。不说"你怎么这样没教养"，而是探讨"你做这件事可能会有不好的影响"。孩子通常更容易接受，也更愿意尝试改变。

3.建立"尊重是底线"的家庭氛围

"我们可以有个小约定——不论在家还是外面，说话尽量不取笑别人，尤其是对方的外貌和名字。"

用"家庭约定"的方式代替"父母命令"，让孩子参与规则制定，更有仪式感和认同感。当家庭内部有清晰的边界，孩子在外面的行为通常也会更有自我约束意识。

不控制的父母 不焦虑的孩子 ▶▶▶

1.通过"标签"寻求认同感

孩子在成长过程中，有强烈的群体归属需求。给人起外号，是他们建立"小圈子文化"的一种方式。他们通过"共同语言"来划分"我们"与"他们"，强化群体凝聚力。然而这种"圈内友好、圈外排斥"的行为，可能滋生了校园霸凌的土壤。

2.权力与地位的初步体验

青春期是"社会性觉醒"的起点。孩子在群体中逐渐体会到"谁说话有分量""谁能带动气氛"，这使得他们有时尝试通过嘲笑别人来建立"影响力"。而起外号，正是一种"我能决定别人叫什么"的掌控行为，潜意识里是在体验社会地位带来的控制感。

3.社会容忍度的"学习"来自家庭

如果父母习惯用讽刺、嘲弄的方式来交流，比如"你写的字像鸡爪""你长得跟你爸小时候一样'憨憨'"，孩子可能误以为"这也可以是表达爱的一种方式"。他也容易用相似的方式对别人讲话，却可能忽略了这样带来的伤害。

我们都希望孩子是"善良的""幽默的""受欢迎的"，但成长并不是一蹴而就的。给同学起不雅绰号，是孩子在探索人际边界时的一种"踩线"。父母应该让孩子明白"嘴巴上的便宜，不值得用尊严去换"，他可能才真正理解了什么叫作成熟。

盲目攀比，谁都不服

【场景还原】

"妈！小思爸给他买的最新款滑板车，刹车带灯的那种！你怎么还不给我换？"小川一进门就甩掉书包，声音拔高了一度。

妈妈正准备给他洗水果，被他突如其来的情绪震得一愣："你不是有滑板车了吗？你那辆不是去年才买的？"

"旧了啊！都没人骑那种了！你就知道省钱！"说完，小川怒气冲冲进了房间，"砰"的一声关上门。

晚上吃饭时他又不合时宜地吐槽："你看小贺的鞋子，还是限量款篮球鞋！我就穿这双破运动鞋，能跑得过他吗？"

妈妈终于忍不住了："你再这样天天跟人比，怎么不看看你自己成绩怎么样？先学人家好好学习再说吧！"

面对物质比较时，孩子可能常常觉得"别人更好"：别人书包更酷、衣服更潮、手机更新；别人爸妈更有钱、生活更轻松……而他们的表达往往是："我不服，他凭什么比我强？"

【错误表达】

孩子产生攀比心理并不可怕，关键在于大人回应方式是否妥当。如果处理不当，就容易强化孩子"物质焦虑"与"情绪逆反"，可能让孩子陷入"比不过就不服、不服就不干"的恶性循环。

1."他不就是有个好爹吗！"

这种说法其实是在"变相看不起"别的孩子。孩子听久了，可能学着用"贬低别人"来获得心理平衡。久而久之，他可能不会提升自己，而是更容易形成到处找他人毛病的"酸葡萄倾向"。

2."你比他强多了！咱不差！"

这类"安慰式自信"听起来鼓舞人心，但可能容易让孩子形成不真实的优越感。一旦现实中再遇到比他更优秀的人，他可能更难接受，容易焦躁，挫败感更重。

3."你整天就知道比，别人爸妈不用你操心！"

这句话等于是直接否定了孩子的感受。孩子比，可能是在表达对"自我定位"的困惑。如果此时父母选择以训斥回应，他们可能会觉得"父母不理解我"，于是选择用更激烈的方式表达不满。

4."我小时候比你苦多了，哪敢跟人比！"

这类"苦情对比"不仅无效，可能还会拉远亲子距离。孩子可能难以共情父母当年的困境，反而可能会觉得"你不懂现在的孩子""你只是想讲大道理"。

【松弛教育】

1.尝试接住情绪，再梳理愿望

"你挺喜欢那辆滑板车的，对吧？它什么地方特别吸引你？"

当孩子提出"别人有我也想要"时，第一反应不是说"不行"，而是问"你喜欢什么？为什么？"这样做可以帮助孩子学会表达自己的喜好，而不是主要用"别人有"来包装自己的欲望。

2.引导孩子区分"暂时的差距"与"持久的优势"

"你觉得他穿新鞋跑得快，那你有没有想过，是鞋子的原因，还是他平时练得多？"

让孩子看到"物质优势"背后的努力或家庭差异，而不是直接认定"他比我强"。慢慢地，孩子就会明白：很多东西不是"比一下"就能得出结论，而是长时间积累的结果。

3.设立成长型目标，而不是对抗型视角

"你羡慕他的数学成绩，那我们尝试设一个小目标，比如这次数学提5分，你觉得呢？"

帮助孩子将注意力从"他凭什么"转为"我怎么做"，是松弛教育的重要部分。

4.家庭中主动减少"谁家孩子"的话题

大人可以尽量不要在孩子面前频繁提"别人家的孩子如何如

何"，也注意别把亲戚家孩子的成绩、礼物、表现当作谈资。家长营造的比较氛围，可能潜移默化地加剧孩子的竞争焦虑。

【底层逻辑】

盲目攀比，是青春期孩子自我意识觉醒过程中的"成长副作用"。它不一定意味着虚荣，也不一定是物质诱惑，而可能是一种"想被看见""想被认可"的情感表达。父母不必给孩子"无限满足"，也不必"一棒子打死"，而是：

· 支持孩子学会欣赏他人，不贬低自己；

· 支持孩子学会设立目标，不盲目较劲；

· 支持孩子学会表达欲望，理解等待与规划。

当孩子能从比较中提炼出方向，而不是陷入焦虑；从他人的优秀中看到榜样，而不是沉溺于嫉妒——他才更有机会真正找到自己的成长节奏，而不是活在别人的标准里不停内耗。下一次，当孩子又说"他有，我也要"时，你可以拍拍他的肩膀说："你想要的，我们可以一起努力，但同样重要的，是你能成为怎样的人，而不是你拥有什么。"

那一刻，你不只是在回应一个愿望，也可能是在播种未来的自信。

18

过度嫉妒，见不得别人好

【场景还原】

放学后，小悦一进门就阴沉着脸。

"怎么了？不开心啊？"妈妈递上一杯温水。

"哼，我们班那个林晨又考第一了。"小悦嘟囔着，"他才没多聪明，肯定是老师又给他开小灶了！"

妈妈一愣："那你这次考得怎样？"

"还行吧，数学扣了8分，英语扣了5分。但老师就夸他一个人，烦死了！"小悦眼里满是气鼓鼓的不甘。

几天后，小悦回到家，说起林晨感冒还坚持上课的事。

"哼，装的吧，他就是想刷存在感。"她咬着牙，一脸不屑。

不知从什么时候开始，小悦总是把同学的优秀归结为"运气好""会巴结老师""装模作样"，甚至开始疏远原本关系不错的同学，只要对方稍微表现出色，她就言语酸溜溜的。一些青春期的孩子在面对同伴的"闪光点"时，可能不是欣赏或学习，而是表现出嫉妒、排斥、否认，甚至诋毁，他们有时"见不得别人好"。

【错误表达】

1.指责批评型

"你怎么这么小心眼儿！人家优秀关你什么事？就知道嫉妒，也不看看自己！"

这样直白的指责，可能会让孩子感觉自己被否定，自尊心受到伤害。孩子可能会更加抵触，把嫉妒情绪隐藏得更深，甚至对家长产生怨恨，导致亲子关系变得紧张。

2.对比打击型

"你看看人家林晨，再看看你，同样是同学，差距怎么就这么大呢？你要是有她一半努力就好了！"

这种拿孩子和别人比较的方式，不仅不能激励孩子，反而会让孩子产生自卑心理，更加嫉妒对方，陷入恶性循环。

3.忽视敷衍型

"别瞎想了，这有什么好嫉妒的，赶紧去写作业。"

家长这种敷衍的态度，会让孩子的嫉妒情绪得不到及时疏导，在心里不断累积，影响心理健康。

4.盲目袒护型

"没事宝贝，他就是爱出风头，咱们不跟他一般见识。妈妈觉得你比他好多了！"

盲目袒护虽然暂时安慰了孩子，却没有引导其正确看待他人的优点，反而可能强化了孩子的嫉妒心理。

【松弛教育】

1.尝试理解，再引导，不急着纠正

"你是不是觉得他被表扬了，而你没被看见，有点失落？"

很多时候，孩子嫉妒的或许不是"别人好"，而是"我不被看见"。家长可以尝试看到孩子心中那个"委屈的小自己"，而不是用大道理压制他们的情绪。

2.把"羡慕"从"嫉妒"里尝试剥离出来

"他这次确实表现不错，你最羡慕他哪一点？"

引导孩子具体说出"羡慕的点"而不是一味贬低别人，支持他们从泛泛的嫉妒中跳出来，用更理性的眼光看问题。当孩子能具体说出："我羡慕他背书快""我羡慕他字写得好"，那么你或许可以顺势引导——"那你想不想也试试提高一下这方面？"

3.强化"欣赏别人≠否定自己"的认知

"别人优秀，不代表你不优秀。每个人擅长的东西常常不一样。"

嫉妒的核心可能是"我不够好"。有效应对的方式不是让孩子"别嫉妒"，而是告诉他："你的价值，不会因为别人闪耀就变暗。"

比如："他英语好，你理科也挺棒的呀，每个人都有发光

不控制的父母 不焦虑的孩子

点。"这或许能帮孩子形成更宽广的比较视角。

【底层逻辑】

1.青春期是"自我认同"较为焦灼的阶段

10~15岁的孩子，会特别在意"我是谁、我值不值得被喜欢"。而一旦看到别人"更好、更受欢迎"，他们就容易产生内心失衡。于是，为了找回平衡，他们可能会用贬低、否定、排斥的方式，来让自己"赢回来一点"。"他有什么了不起的""老师偏心他""他就是装"，这些话的背后，或许是孩子在小声地说："我也想被喜欢，但我不知道该怎么做。"

2.嫉妒可能源于价值感的空缺，而不是坏心眼

嫉妒不是"道德败坏"，而可能是一种被压抑的自我渴望。当孩子在别人的成功中看不到自己的希望时，就可能不自觉地产生嫉妒情绪。他们不是不想进步，而可能是害怕"我怎么努力都赶不上"。这种心理落差，如果没人温柔地接纳，就可能转化为敌意、防御、冷漠，甚至攻击。

3.父母是"自我价值感"的重要镜子

如果孩子在家里经常被比较、被否定，他们就容易形成"自我价值感匮乏"的自我印象。比如："你姐姐从小就比你懂事。""你再不努力，连班上倒数的都赶上你了。""你学学别人家的孩子！"这样的语言，可能让孩子更容易产生"别人越好，我就越差"的思维模式。他们可能变得敏感、多疑，处处防备，自然更难以心平气和地看待别人的好。

父母如何正确对待孩子交朋友

周末，一家人聚餐结束准备离开时，妈妈随口问道：

"最近有没有新同学？交朋友了吗？"

"倒是有一个新来的，成绩挺好，也挺有礼貌的。"女儿答道，"就是穿得不咋地，头发乱糟糟的，感觉家里条件不好，我不太想和他一起玩。"

妈妈一怔，问道："你怎么知道他家条件不好？"

"看他衣服就知道了，书包都旧得脱线了，跟我们班那些穿潮牌、用苹果手机的人完全不是一类的。"

"可你说他人挺好的啊？"

"是啊，人不错，但我还是不想跟他走太近，万一同学说我'掉档次'怎么办？"

类似的对话，可能在许多家庭中悄然上演。当孩子开始在外貌、穿着、出身背景等"表层条件"上评判他人、筛选朋友时，父母有时既惊讶又无奈。这种"以貌取人"的社交观，并非天生，而是在成长环境中被潜移默化地影响形成的。

【错误表达】

1. "你怎么这么势利！"

标签式批评可能会让孩子马上进入防御状态，原本可以被引导的观念，可能变成了孩子"死守"的立场。当我们直接给孩子的言行贴上"势利""肤浅"的标签，他们很可能不是去反思，而是想着"我是不是被看不起了"。

2. "人不可貌相！你怎么能这么肤浅？"

单纯讲道理，孩子可能"听见了"，但不一定真正"听懂"。他们当下更在意的是"我在朋友圈子里是不是体面"，而不是"道德正确"。把"人不可貌相"反复强调一百遍，不如让孩子真切地感受到——一个人的价值，常常不止于穿着打扮。

3. "有本事你成绩也像人家一样好啊！"

这种嘲讽式的话语，可能会伤害孩子的自尊心，让孩子觉得自己被家长否定。孩子可能会因此产生逆反心理，更坚持自己以貌取人的观念，甚至和家长产生对抗。

4. "小孩子嘛，都是这样，过段时间就好了。"

家长的忽视和放任，可能让孩子觉得以貌取人是被默许的行为，从而减少顾忌。长期如此，孩子可能形成有偏差的价值观，在人际交往中难以建立真诚、友善的关系。

【松弛教育】

1.尝试接住孩子的"社交焦虑"

"你是担心同学觉得你'掉档次'吗？"

当孩子因为朋友的外貌、穿着感到犹豫时，背后常常是对自己社交地位的担忧。你可以尝试做的是理解这种焦虑，而不是批判它。接住这种焦虑，孩子才更可能放心说出真正的顾虑，比如："他们会嘲笑我跟他玩""别人会把我看低"……这些或许是教育的真正入口。

2.引导孩子去"深交"，而不是"速评"

"你愿不愿意再多了解一下他，看看除了外表，他还有什么让你觉得特别的地方？"

鼓励孩子从"标签"中跳出来，用时间和交流"检验"一个人。这是社交认知的一种升级：从"快速评判"到"深入观察"。你也可以分享一些你自己识人走眼的经历，告诉孩子："有些人第一眼不惊艳，但交往久了才发现很真诚。"

3.培养"内核识人"的思维方式

和孩子聊聊你欣赏的朋友或同事，强调他们的人格特质，而非外在条件。比如："我那个老朋友，穿得很普通，但特别仗义、重情义"；"我曾经有一个老板，学历不高，但很善于欣赏员工的努力。"这些潜移默化的信息，或许能帮孩子逐渐建立起"真正值得结交的人，常常是那些让你舒服、有价值感的人"的观念。

【底层逻辑】

1."以貌取人"可能是一种低风险的"归类机制"

孩子进入青春期后，开始频繁地参与社交。为了更快识别"谁是自己人"，他们会形成"用标签判断人"的习惯。比如：穿搭潮—有钱—好相处，成绩好—高冷—不好接近。这种快速分类、贴标签的思维方式，有时是大脑节省精力的一种策略。但父母要做的，是引导孩子意识到：真正的世界远比标签复杂得多，人与人之间的价值联结，通常不该被"外壳"决定。

2."交友设门槛"的背后，可能是身份认同焦虑

孩子不愿与某些人做朋友，常常不是因为对方不好，而是因为他们担心自己被群体边缘化，担心失去认同感，担心"身份掉价"。这些焦虑背后，可能是"我值不值得被喜欢"的不确定。父母要做的，不是否定孩子的顾虑，而是支持他们对自我价值的认可——"你是谁，常常不取决于你跟谁玩。"

3.给孩子"被看见内在价值的机会"

很多"以貌取人"的孩子，可能本身就是在较多外在标准中被评价大的。他们从小听到的可能是："你今天穿得真像个小公主。""你再不认真学习，以后连好朋友都交不到。"他们的"自我定位"很大程度上来自外部，所以可能更容易用"外部标签"看待别人。如果家人能更多看见孩子内在的努力、善良等，他们才会相信：一个人的好，不是穿在身上，而是藏在骨子里。

待人不宽容，说话伤人还不自知

"我又没说错，她就是胖，连走路都气喘吁吁的！"

"他成绩本来就差，还不让人说了？"

"她一天到晚装清高，我只是说出实话而已！"

这不是吵架现场的恶语相向，而是许多10~15岁孩子日常交流中常见的说话方式。小磊在放学后被妈妈接回家，路上嘟囔着："今天老师说我讲话伤人，要注意言辞。"

妈妈问："你说了什么？"

"我就是和同桌开玩笑，他就去跟老师告状，真玻璃心。"

妈妈叹了口气："你是不是太直接了？"

"我没骂他啊，我说的是事实，干吗装听不得？"

很多孩子并非心存恶意，却在"表达自我"与"尊重他人"

之间，缺乏明晰的边界。他们习惯了"有话直说"的沟通方式，却不懂得语言的锋利，同样是一种攻击。而更深层的问题是：他们并不觉得自己"说错话"了。

【错误表达】

1.严厉斥责型

"你怎么这么不懂事，说话一点不考虑别人的感受！"

这类话看似有教育意义，实则是在输出情绪而非传授方法。孩子根本不明白，自己到底哪句话、哪个词语、哪种语气伤人了，反倒会认为"大人太玻璃心"。

2.冷漠忽视型

"随你怎么说，反正以后吃亏的是你。"

家长这种冷漠忽视的态度，会让孩子觉得自己的行为不被重视，缺乏正确的引导。孩子会认为自己的做法没什么大不了，继续我行我素，可能影响人际关系。

3.盲目袒护型

"我家孩子就是心直口快，你们别往心里去。"

这种盲目袒护，会让孩子意识不到自己的错误，甚至认为自己的行为能被默许。长期如此，孩子会变得缺乏分寸感。

4.翻旧账型

"你再这么说话，以后谁还愿意跟你玩？"

这样说，听起来有些道理，但孩子可能会觉得你更关心他有没有朋友，而不是他有没有伤害别人。长此以往，孩子会学会"包装"，却不懂"理解"，可能变得外表圆滑、内心冷漠。

【松弛教育】

1.从"感受"入手，而不是"对错"

"你是想表达他做题慢，还是想讽刺他？"

"你自己觉得，如果有人这样说你，你会开心吗？"

用"感受类问题"引导孩子，从对方的角度出发，激活同理心，而不是急着评判："你说话太冲""你太不懂分寸了"。特别是在青春期，这样的引导方式比说教更有效。

2.不放过"微伤害"，但也不过度放大

青春期的孩子常常把"开玩笑""讲真话"当作挡箭牌，而被伤害的同学却可能长期记在心里。父母要做的，是对这些"微伤害"保持敏感度，但不过分放大。教育的目的，不是制造羞耻感，而是提供成长路径。比起"你这样说话没人喜欢"，更好的表达是"换个方式说，人家会更愿意听"。

3.鼓励孩子用语言"修复关系"

如果孩子已经说了伤人的话，不妨鼓励他们去"补一句"。

"你愿不愿意和他说，其实你没有恶意？"

"要不你告诉他，下次题不会可以一起讨论？"

别小看这一句修复的话，它不只是社交技巧，更是情感责任感的培养。让孩子明白：话语是有力量的，可以伤人，也可以温暖人。

10~15岁是孩子情绪系统迅速发展的阶段，他们开始强烈地感知自己和别人的情绪，但大脑的语言控制区域却尚未完全成熟。所以他们常常是"情绪有了，但语言跟不上"，或者"语言有了，但情绪压不住"。

比如他们说"你别烦我"，其实是"我现在有点累"；

说"她傻不啦叽的"，其实是"我看她有点别扭"；

说"你真蠢"，其实是"你没理解我我着急"。

如果父母只看"说出口的话"，会很容易和孩子对立，但如果能听见"话背后的情绪和需求"，就能做出更有效的回应。

我们并不要求孩子每一次都说得完美，而是在一次次"说错话——意识到——愿意调整"的过程中，学会为自己的语言负责。如果有一天，孩子从"我又没恶意"变成了"哦，那我下次注意方式"，从"他太玻璃心了"变成了"我是不是语气不太好"，那就说明，他已经踏上了语言成熟之路。

21

被霸凌不敢吭声

"妈，我不想上学了。"

"为什么？"

"他们老是偷我文具，还说我胆小鬼，反正我说了也没人信。"

这是一位初中女孩的心声。她看似每天正常上学、放学，却在心里悄悄藏了很多委屈和无力。她被同班几位同学长时间地嘲讽、排挤、孤立。在她眼里，所谓"告状"只会换来更深的羞辱——"你怎么这么爱打小报告""你跟老师说也没用"。更让人揪心的是，她逐渐开始怀疑自己："是不是我太敏感？""是不是我太差劲才被这样对待？""我是不是就该忍着？"

这就是校园霸凌中最隐秘、最易被忽略的一种——沉默型受害者。他们不反抗、不告状、不求助，因为他们怕被嘲笑、被孤立、被报复，最后甚至怕"让父母失望"。

【错误表达】

1."你也太懦弱了吧，被欺负都不敢还手？"

这样的指责会让孩子感到更加自卑和无助，原本就因为被欺负而受伤的心灵雪上加霜。孩子会觉得连父母都不理解、不支持自己，从而更加封闭自己，不愿意再向家长倾诉。

2."他为什么不欺负别人，就欺负你？"

这是最具杀伤力的一句话。表面上看是疑问，实则是一种"将责备伪装成推理"。这类话会把孩子推向自我怀疑的深渊，仿佛受害者也要为被欺负负责。

3."小孩子之间打打闹闹很正常，别太放在心上。"

家长这种轻视的态度，会让孩子觉得自己的痛苦不被重视。孩子会认为自己遭遇的霸凌是无关紧要的小事，进而产生自我怀疑，甚至可能因为不能及时得到帮助，导致霸凌行为持续甚至升级。

4."走！现在就去学校找他们算账，看他们还敢不敢！"

虽然家长保护孩子的心情可以理解，但这种冲动的做法可能会让事情变得更糟。孩子会担心自己的行为引发更大的冲突，给对方留下把柄，导致以后遭受更严重的报复，从而更加害怕。

5."这还得了！不行，我得天天接送你！"

家长过度焦虑的反应，会让孩子感受到更大的压力，加深对上学和社交的恐惧。孩子会觉得自己是个"麻烦"，是因为自己的问题才让家长如此担心，进而产生愧疚感和无助感。

【松弛教育】

霸凌不是孩子必须"自己扛过去"的成长考验，而是需要我们大人勇敢站出来、明确介入、有效支持的严重事件。

1.相信孩子，不质疑、不怀疑

孩子能够说出"我觉得我被欺负了"，已经需要非常大的勇气，请先稳稳地站在他这边。

"谢谢你告诉我，我知道这对你来说并不容易。"

"我听懂了，你说的是×××，这些事确实很让人难受。"

切忌说：

"是不是你想多了？""是不是你也有问题？""你敏感了吧？"——这些话只会让孩子后悔说出口。

2.做孩子的"一级支援者"，必要时主动介入

父母要意识到：孩子在被欺负时最怕的不是"事件本身"，而是没人为我出头。当孩子告诉你"我被欺负了"：

你可以这样回应:

"这不是你的错,不是你太软弱,是他们不对。"

"我会陪你一起处理这件事,不会让你一个人扛。"

必要时,与老师或班主任沟通,掌握客观情况,表明父母态度。沟通时态度坚定、言语得体、不怒不闹,但绝不回避问题。如果学校处理无果或者事态严重,可以考虑升级处理,如向教育局举报或寻求法律帮助。父母坚定的态度,是孩子重要的支持。

【底层逻辑】

1.孩子沉默,是因为"失去改变的希望"

许多受伤害的孩子,其实不是一开始就沉默不语的。他们或许曾求助过,但被无视;曾表达过,但被忽略;曾期望过,但被伤害。所以,他们开始"闭嘴"——不是默认欺负的合理,而是失去改变的希望。我们要做的,不是质问"你怎么不说",而是反思"我们有没有让他说了以后感觉到安全?"。

2.父母的反应,塑造了孩子对"社会公正"的信念

一个被欺负还得不到支持的孩子,会逐渐相信:世界是不公平的,拳头硬的说了算,受伤害者往往感到无力。而被听见、被理解、被保护的孩子,会建立起"社会可以讲理""不公能够纠正""我有权利也有能力保护自己"的信念。这些信念,远比"勇敢反抗"重要得多。它们会成为孩子未来应对挫折、维护边界、争取正义的底层力量。

3.真正的强大，不是自己扛下所有，而是敢于求助

我们想让孩子变得"更强大"，但很多时候误解了"强大"的含义。真正的强大，是敢于表达脆弱、寻求帮助、面对问题，而不是默默忍受、一言不发、假装无事。孩子若能学会在受到不公时，不是内疚，不是隐忍，而是理直气壮地说："这不是我的错，我需要帮助。"——那他就已经走上了成熟之路。

CHAPTER 05

家庭关系篇

牢牢掌控，是在制造孩子成长的阴影

饭桌上，母亲刚刚问了一句："你这次考试成绩怎么样？"

孩子"啪"的一声放下筷子，不耐烦地吼道："你烦不烦啊？成天问这些！"

气氛瞬间凝固。父亲皱眉，母亲的脸色也由晴转阴。那顿饭最终在沉默中草草收场。

"你烦不烦啊，别管我！"

"你懂什么？别瞎说！"

"闭嘴！"

这些话，或许你并不陌生。曾经那个调皮可爱、依赖你的小孩，如今却变得冷漠、暴躁，甚至对你口出恶言。你感到愤怒、委屈，甚至怀疑自己是否哪里做错了。其实，这种变化并不突然，也

不控制的父母 不焦虑的孩子

并非个例。10~15岁的孩子，处在"半大不小"的过渡期。他们既渴望独立，又难以完全掌控自己；既有主见，又不擅长表达情绪，于是，常常选择最"粗暴"的方式与父母对抗。

【错误表达】

1."反了你了！敢这么跟我说话？看我不收拾你！"

家长用更强势、暴力的语言和行为回应孩子，试图压制住孩子的顶撞。这只会让孩子的情绪更加激动，引发更激烈的对抗。

2."我辛辛苦苦养你，你就这样对我？"

家长通过强调自己的付出，对孩子进行道德绑架。孩子可能会觉得自己被束缚，内心充满愧疚，但这种愧疚并不能让孩子真正认识到自己的错误，反而可能会让孩子对家长产生抵触情绪和反感行为，不愿意和家长沟通。

3."好，我以后再也不管你了！"

情绪激动时，父母很容易脱口而出这类"威胁式隔离"的语言。对10~15岁的孩子来说，这种话像一把利剑，砍断了他们对家庭的基本安全感。他们可能会表面装作冷漠，但内心受伤却很深，甚至从此变得与父母更加疏离。

4."你看看别人家的孩子！"

这个"万能句式"，在几乎每一个家庭中都出现过。孩子听多了，不仅不会变得更乖，反而会越来越"自闭"：既然你只看得见别人家孩子的好，那我何必再和你解释我怎么了？

1.稳定情绪，做孩子的"情绪避雷针"

孩子发火、顶撞时，给自己按下"冷静暂停键"，哪怕只是深吸三口气，再回应孩子，也可能带来不同的结果。温和但坚定地说："我知道你现在情绪很激动，我们可以等冷静后再说。"这样回应既不妥协，也不挑衅，保留了沟通的可能。

2.事后沟通往往比当场争执更有效

情绪平复后，找个合适的时间聊一聊："你刚才说话很冲，我有点难过。是不是最近有什么烦心的事？"这样表达，不责备不否定，而是引导孩子自己说出心结。

3.用故事或比喻替代"讲大道理"

大道理听多了，孩子可能早已产生抗拒。这时可以换一种方式，比如说："有时候，我们可能像两只刺猬，靠得太近就会互相扎伤。其实我们都没有恶意，只是有时不会表达。"这种比喻式的沟通，能帮助孩子理解情绪背后的真实关系。

4.肯定其表达权利，同时设定沟通界限

"我理解你有情绪，也愿意听你说。但我们可以约定，不用攻击性的语言，好吗？"让孩子知道：表达情绪不是错，关键在于怎么表达。让他们明白规则和尊重是可以并存的。

【底层逻辑】

孩子的"顶嘴"，是成长的标志，不是道德的问题。10~15岁

的孩子正处于"自我意识觉醒期",他们渴望被当作"大人"来对待。在这个阶段,语言成为他们试图争取自主权的武器。而父母如果一味控制、不听解释,就会让孩子选择"对抗"而不是"合作"。更重要的是:孩子有可能是通过"顶撞"来测试你是否还爱他。当他说出伤人话语时,内心其实在问:"如果我表现得很糟糕,你还会在乎我吗?"而你稳定、坚定、不失温柔的回应,就是对他"爱与安全"的最强反馈。

面对顶撞,父母最难的是:被伤害之后,还要温柔以待。但教育本就是一场爱的修炼,孩子成长的阵痛,也同样是父母成长的机会。做松弛感父母,不等于什么都不管,而是即便面对情绪风暴,也能为孩子围起一片风平浪静的港湾。

过度依赖家人，遇到问题就喊"妈"

【场景还原】

"妈，我找不到作业本了！"

"妈，我英语不会写，帮我看看！"

"妈，我要迟到了，书包帮我背一下！"

"妈，我不敢去跟老师说，你帮我请假吧……"

早上7点半，妈妈像风一样在屋里穿梭，一边帮他找袜子，还得一边催促他快点吃饭。孩子坐在那儿不紧不慢，哪怕时间紧迫，也显得毫无危机感。遇到点麻烦，不找方法，只会喊："妈——"

这不是小朋友，这是已经上初中的孩子了。

有一次妈妈狠下心不搭理他，结果孩子气急败坏地摔门："你不是我妈吗？现在连这个都不帮？"

一位父亲无奈地说："我们家孩子，身上带着一个'万能对讲机'，只要有困难，第一个按钮就是——妈。"

【错误表达】

面对孩子对父母的高度依赖，很多家长在情急之下会脱口而出一些话，非但起不到提醒的作用，反而可能加剧了孩子的依赖情绪或伤害了亲子关系。

1."你什么都不会，要你有什么用？"

这种表达本意是"刺激"孩子长点心，但传递出来的却是彻底的否定。孩子听到这句话，不但不会想自立，反而会陷入"我确实不行"的无力感之中。

2."我不帮你你就完蛋了？"

这类"反问句"让孩子感受到的不是激励，而可能是羞辱。当父母用带刺的方式表达"你离不开我"的时候，其实已经把孩子架在了情绪对抗的对立面。

3."你自己做不好的，还是我来吧，别把事情搞砸了。"

家长过度担忧的话语，传递给孩子的是不信任，让孩子觉得自己可能没有能力完成事情。这可能会让孩子失去尝试的勇气，遇到问题第一反应就是寻求家长帮助。

4."以后别叫我妈了，你什么事都指望我！"

这类气话容易引发激烈的情绪反弹。孩子本来依赖你，是出于信任和习惯，当你用"切断关系"的方式表达不满时，他的第一反应更可能是愤怒和怨恨，而非立刻学会独立。

【松弛教育】

1.将"帮助"转化为"引导"

当孩子说："妈，我不会写这道题"，不要立刻讲解答案，而是问："你觉得这道题像我们前几天学的哪一类题？""你能不能先试着画个图或者写个思路？"把他从"求答案"引向"找方法"，久而久之，孩子往往会发现：我可以靠自己。

2.设置"缓冲时间"，训练独立应对能力

有的家庭用"5分钟独立法"：孩子遇到问题，先独立思考5分钟，再来请求协助。如果还是解决不了，父母可以陪他一起分析，而不是直接代劳。这种方式既给了孩子空间，又不让他感到完全被放弃。

3.引导孩子和他人沟通，而不是永远"代办"

孩子不敢跟老师沟通、害怕面对批评时，家长容易"护驾"："那我帮你发消息请个假吧。""我打电话帮你说清楚。"但更好的方式是：

· 陪他拟好一段话，让他自己发；

· 模拟情境训练他的表达；

· 帮他理解老师也愿意听解释，而不是"只会批评"。

只有当孩子学会面对人、解决事，他才会慢慢放下"遇事喊妈"的习惯。

不控制的父母　不焦虑的孩子

【底层逻辑】

孩子依赖父母，不是因为他们"懒"或者"蠢"，而是因为他们长期被"安排得太好"。这种过度依赖背后，反映的是：

成长空间不足：父母常常先一步解决，孩子没有"试错"的机会。

安全感来源单一：除了父母，孩子缺少其他可求助的对象，也缺少面对挫折的心理储备。

情绪承受力低：一遇到"不顺"，往往想立刻获得安慰和解决。

要想孩子逐渐走向独立，家长就要：

适度放手：给孩子"难一点"的生活，而不是"舒服到底"的照顾。

淡化控制：让孩子感受到，"你可以选择，而不是只能依赖。"

陪伴升级：从"代劳"变为"共建"。

美国心理学家温尼科特有个著名理论："一个'足够好的母亲'，最终的任务是让孩子脱离对她的需要。"当孩子遇到问题时，第一反应不再是"妈——"，而是"我可以试试这样解决"，那一刻，你就真正把他送上了成长的列车。你的放手，可能是他迈向独立的第一步。

24

二胎争夺宠爱

【场景还原】

"又是她先吃！"

"为什么每次你都帮弟弟洗澡，不给我剪指甲？"

"你们现在眼里只有妹妹，我是不是你们捡来的？"

"我考了90分你也没夸我，弟弟画个小人你就跟宝一样贴冰箱上！"

家有二宝，原本是想让老大有个伴、家庭更热闹，谁知日常却变成"争宠大战"：明里不服，暗里较劲，从冷嘲热讽到直接动手。

有的父母不以为意，觉得"兄弟姐妹就是吵着长大的"，甚至对老大说：

"你是哥哥/姐姐，要让着点小的。"

殊不知，这些"理所应当""规劝"，却可能在老大的心里种下了深深的委屈、孤独，甚至是敌意。

【错误表达】

面对孩子之间的矛盾，一些家长处理方式粗暴、态度偏颇，从而让家庭气氛更加紧张，孩子更难彼此接纳。

1. "你是大的，怎么还跟小孩计较？"

这句话等于宣告："你的情绪、感受不重要。"

长子长女常常因为这句"你要让着点"压抑自我，心里积攒了许多"不公平"。

2. "你看看弟弟多乖，你就不能学学？"

这种比较直接伤害了老大的自尊。每个孩子都有自己的特点，频繁对比会让孩子产生心理落差。

3. "你们俩再吵，我就一个也不理！"

这种试图"雨露均沾"的吓唬话，其实是在回避问题。孩子需要的是理解和调解，而不是一刀切的粗暴处理。

4. "我又没偏心，你怎么这么多事？"

孩子感受到"失宠"，往往不是单凭一次事件判断，而是长期积累的细节落差。家长若一味否认感受，他们可能多用更激烈的方法"争取"关注。

1.接住老大的情绪，而不是压制他

孩子说：

"你们更爱弟弟！"

不要急着反驳，可以这样回应：

"你是不是感觉最近我们花了很多时间在弟弟身上？"

"我猜你可能觉得自己被冷落了，我想听听你的心里话。"

先"接住"孩子的情绪，他才会放下戒备，愿意沟通。

2.有意识地创造"专属时光"

哪怕每天只有15分钟，也要腾出一段"只属于老大"的陪伴时间：不被打断、不提弟弟妹妹的事，只关注他；

这种"独占"的仪式感，能缓解他对爱的焦虑。

比如：

· 单独陪他看一集喜欢的动画片；

· 只给他做一次"指定早餐"；

· 让他选一家外卖，全家一起吃他喜欢的。

3.制造"我俩并肩作战"的时刻

让他们在合作中感受"并肩"的快乐，而不是"对立"的紧张。

比如：

· 一起完成家庭任务（哥哥配菜，妹妹摆碗筷）；

· 做一个"家庭小剧场"，一人扮演一个角色；

· 弟弟生日时，让姐姐当主持人；姐姐生日时，弟弟送手工礼物。

【底层逻辑】

很多人觉得，孩子间的争执"长大就好了"，但如果父母没有妥善处理"争宠"的问题，可能留下长期的影响：

· 老大可能变得压抑，觉得自己"再好也不被重视"；

· 老二被"宠溺惯了"，误"以为一切都该围着自己转"；

· 兄弟姐妹之间的关系可能变得疏远，甚至埋下敌意。

孩子的安全感不是天生的，而是父母用公平和一点点耐心建立的。做理性的父母，不是要求绝对公平，而是愿意觉察偏差、及时调整。

兄弟姐妹不是"天然亲密"的，他们也需要学习如何相处、理解和尊重。父母，是这门课的第一任老师。当我们不再随口说"你是大的，要让着"，不再忽略老大的委屈，孩子之间就多了一份理解和共情的可能。别忘了——这两个孩子，不是来争抢爱的，而是来分享爱的。

鼓励孩子保持好奇多互动

【场景还原】

"来，叫声舅舅！"

"这不是你小时候最亲的表妹吗？说句话啊！"

"放下手机，大家都在聊天呢。"

逢年过节或者家庭聚餐时，一群亲戚热热闹闹地坐在客厅里，唯独孩子缩在角落，低头刷手机，沉浸在短视频、社交软件或者游戏世界中。

大人起初好声好气地提醒，后面火气也上来了："你是来聚会还是来看手机的？""一点礼貌都没有！""我们小时候巴不得多和亲戚玩玩，现在的孩子怎么这么冷漠？"

孩子却往往毫无反应，甚至翻个白眼，继续低头玩手机。

【错误表达】

 **当众斥责型**

"你看看你，每次聚会就知道玩手机，一点规矩都没有！亲戚们都在，你能不能有点礼貌？"

在众人面前直接批评孩子，会让孩子觉得丢脸、自尊心受损，反而更加抵触参加家庭聚会，甚至可能当众顶嘴，让场面更加难堪。

 **唠叨抱怨型**

"整天就知道玩手机，眼睛都快要看瞎了！一点都不听话！"

无休止的唠叨，会让孩子感到厌烦，把父母的话当成"耳边风"，不仅无法改变行为，还会破坏家庭氛围。

 **强制没收型**

"把手机给我！今天不许玩了，必须好好参加聚会！"

简单粗暴地强制没收手机可能会引发孩子的强烈不满和反抗，让他觉得自己的权利被侵犯，甚至当场闹情绪，不利于亲子关系的和谐。

冷漠放任型

"算了，随她去吧，管不了。"

这种冷漠放任的态度，长期会让孩子觉得自己的行为是被默许的。久而久之，孩子会越来越忽视家庭互动，亲情关系也会越来越淡薄。

【松弛教育】

1.别用手机当"替罪羊"，看见真正的需求

手机只是孩子回避社交的一种方式，不是根源。孩子可能：

· 不想被长辈连番提问；

· 不知如何与年龄差距大的亲戚交流；

· 觉得聊天内容与自己无关。

与其命令"别玩手机"，不如说："我看你好像对聊天内容不太感兴趣，要不要聊一下你最近喜欢的动画或游戏？"让孩子感受到自己也是"聚会的一部分"。

2.提前"做心理预案"

聚会前，和孩子打好"预防针"：会见哪些人、大概聊什么、如果不想回答可以用什么方式礼貌回应。你可以说："一会儿亲戚问你最近怎么样，你不想多说就点点头笑一下也可以，别有压力。""你不需要强行迎合，但也可以试试简单回应"。这种做法不是在要求孩子"表演礼貌"，而是帮他找到舒适的社交边界。

不控制的父母　不焦虑的孩子

3.为孩子创造"舒适入口"

别一上来就把孩子"扔进人堆"。可以先给他安排一个擅长的"小任务":给小朋友发糖果,帮忙摆饮料、和年龄相近的表兄妹一起做游戏。这种"有功能的社交",比硬性要求"快去打招呼"更自然,也更能唤起参与欲。

【底层逻辑】

孩子不是天生就懂得"长幼有序"或"社交礼仪",他们需要在被尊重的环境中慢慢学习。对10~15岁的孩子来说,家庭聚会中往往面临着这些挑战:

身份过渡期:既不是"小朋友",也不算"大人",容易感到尴尬。

界限意识增强:不喜欢被问隐私,也不愿被过多关注。

话语权弱:大人一桌热聊,孩子插不上话,自然选择沉默或回避。

或许孩子不是拒绝亲情,只是在寻找更舒适的参与方式。如果家长总是以"你要有礼貌""必须参与"这类指令施压,孩子只会越来越沉默。而真正的松弛感教育是允许孩子慢热,不强迫他表演热情;而是给予引导,并非审判。

让孩子感受到:不是聚会里的"旁观者",而是被欢迎的"成员"。这份参与感,不是靠批评换来的,而是靠理解和耐心培养的。

26

缺乏感恩之心，把一切视为理所当然

周末早上，妈妈早起做了一桌早餐，叫孩子起床。孩子起床气满满，皱着眉头说："就这些啊，没鸡蛋羹？"

爸爸晚上加班回家，顺路给孩子买了他最爱吃的炸鸡。孩子接过来，一边吃一边说："就这么点？下次买多点啊。"

奶奶辛辛苦苦从农村带了一箱苹果来，孩子看了一眼："都没洗，谁吃啊！"

你试着引导："别人为你付出，你要说声谢谢呀。"

孩子却满脸不屑："又不是我求他们做的。"

这时候，父母难免心寒：他怎么能这么冷漠？一点感恩的心都没有。

【错误表达】

1. "你就欠伺候是不是？这么大的架势！"

这句话往往是在家长一肚子委屈后爆发出来的，语气中带着强烈的情绪。它将孩子贴上"你就是不懂事"的标签，结果不是反思，而是防御。

2. "我们这么辛苦供你吃穿读书，你连句谢谢都不会说？"

这类表述容易让孩子把"感恩"理解成一种"还债"的压力，仿佛父母的每一份爱与付出都是为将来的"回报"计价，让孩子陷入愧疚而非理解。

3. "你啥都不干，还有脸挑三拣四？"

这类语句的"火药味"很重，本意是想让孩子懂得尊重他人的付出，但表达方式容易把"教育"变成"情绪发泄"，让孩子下意识抗拒把话听进去。

4. "别的孩子都知道感恩，你呢？白眼狼一个！"

一旦开始用"别人家的孩子"做对比，孩子往往感受到的不是引导，而是羞辱。他们可能会愤愤不平："你怎么从来只看到别人家孩子的好？"

5. "你就继续不知好歹，总有一天你会吃苦的。"

这种"预言式惩罚"带着诅咒感。它或许出于无奈，但在孩子耳中只会变成"你看不起我""你巴不得我摔跤"，于是孩子更不愿接受父母的话语。

1.让孩子"看到"背后的努力

孩子缺乏感恩，可能很多时候是因为他们没有意识到别人的付出有多不容易。这不是故意的，通常是根本没看到。

 **例如：**

"爸爸下班回来已经很累了，知道你喜欢吃炸鸡还特地绕路买的。"把"爱的过程"讲出来，孩子才能从"结果"跳出，开始关注"路径"。

2.鼓励表达，而不是强制感谢

孩子不会表达感恩，不等于他不感恩。很多孩子心里是有触动的，只是不知道怎么说，或者不好意思说。

 **你可以轻轻提醒：**

"要不你跟奶奶说声谢谢，她其实挺高兴听你说这句话的。"也可以示范性地表达，"哇，谢谢你爸给你带鸡腿，我闻着都香。"当你以轻松方式表达感谢，孩子会慢慢模仿你的语气和方式。

3.创造"换位体验"机会

一种很好的感恩教育方式，是让孩子自己成为"付出者"。

· 让孩子尝试做一次早餐给家人；

· 安排孩子带礼物给老师或长辈；

· 和孩子一起做一件服务性的事，比如给外卖员送瓶水、帮邻居买菜。

孩子一旦体验了"付出"的辛苦和快乐，才会从心底理解"别人为我做这些，其实并不容易"。

【底层逻辑】

缺乏感恩，其实是孩子对他人与世界的感知系统尚未完全建立。他们在一个长期"被照顾"的生活环境中长大，容易形成"资源就是默认""好处就是常态"的认知盲区。感恩，不是强加的义务，而是逐渐觉醒的能力。

一个真正懂得感恩的孩子：

· 能意识到别人为自己做了什么；

· 能感知那些细微的温暖；

· 能勇敢表达自己的谢意和情感。

而这一切，都需要时间和引导，尤其是在家庭中被"感恩"对待。

如果我们常说"我为你做这些是应该的"，孩子可能也会形成"你们对我好也是应该的"的认识。如果我们在孩子为我们做一件小事时，真诚地说："谢谢你，帮我拿东西真贴心"，那么孩子会逐渐意识到——原来表达感谢，就是彼此心照不宣的温柔。

我们不急于让孩子立刻"变得感恩"，我们只需要在日常点滴中，种下一颗颗感恩的种子。当孩子长大回头看，他会记起那些曾让他心头一暖的瞬间，而那份"我被爱过，所以我也愿意去爱"的力量，才是感恩最深的表达。

CHAPTER 06

网络使用篇

手机依赖症，父母该如何正确引导孩子

刚吃完晚饭，妈妈正准备和孩子聊聊学校的情况，一转头，却看到孩子坐在沙发上，低头刷着手机，嘴角偶尔浮现出一丝笑意。妈妈忍不住提醒："吃完饭先别玩手机，先做作业。"孩子头也不抬地回了一句："等下，我先回个消息。"

半小时后，妈妈再次催促，孩子却皱着眉头说："你别老说我，聊天又不是玩！"

放学回家第一件事是拿手机，吃饭时手机在手边，睡前还要刷一刷动态，生怕错过同学之间的"重要消息"。甚至晚上十一点了，还在群里"在线开麦"，分享学校八卦，讨论明星八卦，转发搞笑视频……

在10~15岁的少年中，社交软件可能逐渐取代了传统的面对面交流，成为他们维系关系、建立身份认同的重要渠道。但如果使用失控，不仅可能让孩子沉迷，还可能导致人际焦虑、作息紊乱、注意力分散等一系列问题。

【错误表达】

直接粗暴地没收手机

"你这样还读什么书？干脆别念了！"

"手机给我，没收一个月！"

这样的做法往往会引发更强烈的对抗。有的孩子表面上屈服，背地里却想尽办法偷偷使用，或者用平板电脑替代。更糟糕的是，如果家长忽视沟通，仅靠控制手段，可能会导致孩子在情感上疏远，信任感下降。

情绪化地指责孩子"不务正业"

"整天拿着手机你能考上什么学校？"

"你知道你花在手机上的时间够学一门外语了吧？"

这种话虽然出发点是提醒，但在孩子听来，却是否定、指责和不理解。孩子会觉得父母把一切问题都归咎于手机，而不去了解背后的动机或心理需求，进而陷入"你不懂我"的封闭状态。

贬低孩子的网络社交

"你那些朋友就是瞎聊天，没营养。"

"网上有什么好聊的？都是浪费时间。"

青少年时期，朋友和归属感是非常重要的心理需求。如果家长用贬低的方式去否定孩子的社交圈，可能会激起他们的防御心理，使孩子更倾向于在网络中寻找"认同"，而不是回到亲子沟通里来。

【松弛教育】

想让孩子合理使用社交软件，父母的态度应当是"理解+引导"，而不是"恐惧+禁止"。

1.承认孩子的社交需求，尊重他们的网络生活

"我知道你和朋友聊天是一种放松，也是一种社交方式。"

"网络上也能交到好朋友，只要你们互动是积极的，我尊重你的选择。"

这种说法并不是纵容，而是给孩子一个信息：父母愿意理解，并愿意一起思考"如何健康使用"。

2.提供替代的放松和社交方式

如果孩子用社交软件的核心动机是"放松"和"互动"，那父母可以提供现实中可行的替代方案：

· 鼓励孩子邀请朋友来家里玩；

· 安排家庭游戏时间、亲子共读；

· 鼓励参加兴趣班、运动社团。

这样做能让孩子意识到，快乐和联系可以有多种方式。

3.共同"上线"，与孩子保持一定的同频

家长可以尝试下载他们常用的App，了解内容，甚至和孩子约定一起关注某个创作者或话题。你可以说："最近你在看的那个up主，讲得还挺有意思的。"这种"不排斥反而靠近"的方式，会让孩子放下戒备，更愿意接受父母提出的建议。

【底层逻辑】

1.青春期孩子的"社交焦虑"需要出口

10~15岁的孩子，正在从"家庭人"转变为"社会人"。他们强烈渴望朋友的认同，但可能缺乏足够的社交经验，在现实中有时会遭遇尴尬、误解和冲突。于是，社交软件可能成了更"安全"的社交场域：可以编辑文字、删改信息、选择性展示，减少面对面的不确定性和压力。

2.碎片化内容对孩子自控力是一种挑战

社交软件的机制设计，可能容易上瘾：短视频刺激、点赞成就感、即时回应等，会不断"奖励"孩子的大脑。对于自控能力尚未成熟的青少年来说，沉迷问题需要警惕。

3.家庭沟通的缺失，让手机可能成了"逃避工具"

孩子对手机的依赖，可能不是因为单纯的娱乐，而是现实中存在压力：

· 父母讲话常常带有命令语气;

· 在家感到"被听见"的机会较少;

· 日常都围绕成绩、表现、纪律较多。

于是，手机可能成了他们的小"避风港"。他们在里面找认同、找朋友、找轻松。但过度逃避现实，可能容易脱离现实，进入一个"不真实的自我"。

28

网络语言粗俗化

【场景还原】

晚饭时，一家人边吃边聊，爸爸顺口说了句："你们班那个新同学还适应吗？"

孩子嘴一歪："就那'菜狗'，我跟他根本不对话。"

妈妈眉头一皱："什么？你说人家是'菜狗'？"

孩子耸耸肩："我们都这么说的，挺常见的。反正他也知道自己水平一般。"

话音刚落，一连串词语从孩子嘴里冒出来——"挂X""逆天""原地升天""盘他"……大人听得云里雾里，有些词还夹杂着粗口和嘲讽，语气里带着戏谑、冷漠甚至轻视。

孩子也许并没有恶意，但网络用语的高频使用，正在悄悄改变他们的语言风格、思维方式，甚至与人交往的基本态度。

直接批判

"你怎么说话这么不礼貌!"

"再让我听到你讲这种话,别怪我不客气!"

"这都是网上学的不良用语,真该限制使用手机了!"

这类训斥可能当下能"震慑"孩子,但无法让他们真正意识到问题所在,反而容易激起逆反心理。孩子可能认为你只是"跟不上时代",根本不懂现在的潮流文化,于是更封闭自己,不愿解释。

强制规定

"以后尽量说规范用语,不准讲网络词!"

"你给我列出十个成语背下来,别整天满嘴乱七八糟的话。"

"语文都学不好,还有脸讲这些网络词?"

以"控制"为手段的矫正,往往收效甚微,因为孩子并不是出于"叛逆"而使用网络语言,而是源于一种群体归属感和文化认同感。

对网络语言嗤之以鼻、一概否定

"现在的小孩怎么都说这些不雅词汇?"

"什么'盘他''社死',我听着就不舒服!"

全盘否定不仅无法让孩子停用这些语言，反而会让他们觉得"你们根本不理解我们"，从而彻底拉远了代际间的沟通距离。

【松弛教育】

面对网络语言的泛俗化趋势，父母既不必矫枉过正，也不能放任不管。关键在于分辨"语言趣味"与"语言暴力"，并在适当时候引导孩子回到尊重与清晰表达的轨道。

1.和孩子一起分辨语言的"场合感"

"有些词，在你们朋友圈、游戏里讲可能没问题，但在家人面前、老师面前说，就不太合适。"

"语言像衣服，不同的场合要调整'表达'风格。"

通过"场合差异"引导，比单纯限制更有效，孩子也更愿意配合。

2.示范正面、丰富的表达方式

父母在对话中展现出精准、幽默、有感染力的语言，孩子自然耳濡目染，从中获得替代词汇的灵感。比如孩子说"社死"，可以回应："你觉得尴尬对吧？其实那只是一个小失误。"

3.用故事或现实案例引导"语言影响人际关系"

你可以说："前几天我听说有个同学总是用'挂X'称呼别人，后来班里好几个同学都不跟他玩了。"

或者："有时候说话方式会无意中伤害别人，哪怕你没有恶意，也会影响别人对你的印象。"

让孩子明白：语言不仅仅是表达自己，还承担着"塑造人设""传递情绪""影响人际"的多重功能。

【底层逻辑】

1.网络语言是"群体认同"的表达

青少年通过使用特定词汇，形成一种"我和你是同一类人"的归属感。这种语言就是他们的社交密码，是身份认同的一部分。所以，父母若一味打压，不仅效果有限，反而容易让孩子感到"被排除"或"不被理解"。

2.网络语言具有双面性

不能否认，有些网络用语体现了语言的新颖，有的幽默风趣，有的简洁有力，也有的情绪表达得很精准。但也确实存在部分词语带攻击性、侮辱性倾向。孩子尚未具备足够的辨别力，容易在"玩梗"和"冒犯"之间失去平衡。

网络语言本身就是时代的产物，我们无法完全隔绝它，但可以引导孩子更恰当地使用。父母不应因为孩子说了几个"流行词"就大惊小怪，而要理解这些词背后的情绪、动机和场景，帮孩子提升语言的得体性。语言是人格修养的一部分，教孩子用词得体，就是在塑造更懂分寸、更有涵养的自己。

沉迷游戏无法自拔，乱买装备

晚饭桌上，妈妈正端着热腾腾的汤碗招呼孩子吃饭，可喊了三遍，孩子都不应。

"他又在玩游戏！"爸爸走过去，一把夺下手机。

"你干吗呀！"孩子跳了起来，"我这局还没打完呢！"

"先别玩了？你看看这个月你充了多少钱！"

妈妈翻出账单，一看很吃惊：短短一个月内，孩子在游戏里买了皮肤、装备，充值点券，累计消费已经超过800元。

"我又不是乱花，是为了升级啊！"孩子辩解道，"再说了，这游戏大家都在玩，不充钱确实很难打过别人！"

父母一边心疼钱，一边着急："你也要考虑家人，整天脑子里只有游戏！"

这并不是个别现象，许多家庭都有过类似的争执。孩子沉迷游戏，往往伴随着"时间失控""金钱无度""情绪波动"三大常见问题，父母感到无力，孩子越来越疏离。

【错误表达】

贬低侮辱型

"你太沉迷游戏了！你这样不好！"

"再这样下去你以后怎么办？能当职业选手吗？做梦！"

"你现在是个'游戏狂人'，玩物丧志！"

这种激烈否定只会让孩子觉得不被理解，反而更依赖游戏来"逃避现实"。

威胁恐吓型

"给你钱就拿去乱花，我以后一分钱都不给你！"

"手机上交，每天只能用30分钟！"

"你为了游戏花这么多钱？下周限制你的零花钱！"

用断供和剥夺的方式管理消费，只能暂时压制住问题，却无助于帮助孩子建立真正的消费观与自控力，甚至可能让孩子想方设法继续充值，甚至向同学借钱。

羞辱报复型

"你要是继续沉迷游戏，我就告诉老师，让他在全班通报！"

"我看你就是闲的没事干，给你报三个补习班，看你还有时间玩吗！"

以羞辱或报复的方式干预，只会让孩子觉得你不是在"帮他"，而是在"打压他"，最终导致与孩子关系紧张、交流受损。

【松弛教育】

1.与孩子共同探索游戏的"吸引力"与"影响"

与其斥责，不如好奇："你觉得这个游戏最吸引你的地方是什么？""打赢一局之后你感觉很有成就感对不对？那种'掌控感'是不是现实生活中不太容易获得？"这种探讨有助于孩子从沉浸状态中跳出来，看清自己对游戏的情感需求。接着可以引导他们看到影响："你玩两个小时很开心，可是作业没写、朋友可能疏远、爸妈也会担心，对吧？"把游戏变成"一个可以讨论的对象"，而不是"父母反对的事物"，才有真正解决问题的可能。

2.引导孩子思考"游戏成就"的替代选择

鼓励孩子去尝试别的挑战，比如编程、画画、剪视频、运动，哪怕是一项小技能，都有机会带来"我做到了"的满足感。游戏中的快感，本质上来自"即时反馈"和"阶段升级"，现实中的"延迟满足（delayed gratification）"，需要家长耐心引导、共同建立。

3.制定游戏时间与消费规则，与孩子共同协商

与其"强制断电"，不如与孩子一起参与制定"使用规则"：

· 每天最多玩1小时，周末可适当增加；

· 课业优先：作业完成后才能玩；

· 每月最多充值一定金额，超出部分须自己承担。

【底层逻辑】

1.游戏满足了孩子"自主感"与"价值感"的心理需求

现实中孩子常常是被安排、被要求的一方，而在游戏世界里，他们能主导节奏、快速获得反馈。这种"我是强者"的体验极具吸引力。如果现实中长期缺乏被重视、被肯定的机会，孩子更容易沉浸在游戏里"做王者"。

2.过度沉迷往往是现实需求未满足的表现

很多时候，不是孩子太贪玩，而是现实生活缺乏乐趣、充满压力、缺少支持。父母真正要做的，是丰富孩子的生活，提升自我价值感。

3.真正的"管理"不是禁止游戏，而是培养自我管理能力

游戏只是孩子成长路上的一段经历，我们的目标不是让孩子"再也不玩"，而是教会他们"什么时候该玩、怎么玩才健康"。

游戏是孩子心理状态的投影，是他们表达、调节、社交的一种方式。我们要做的不是否定兴趣，而是理解背后的动机，用沟通代替对抗。

不控制的父母　不焦虑的孩子

受网络谣言影响

【场景还原】

"妈，我不想吃鸡蛋了，会致癌！"

"爸，咱以后别喝自来水了，网上说里面有毒！"

"学校组织体检？我不去！有人说体检会泄露隐私，甚至让人不孕不育！"

孩子眉头紧锁，言之凿凿，仿佛掌握了世界的真相。可家长一听，全傻了眼。怎么一觉醒来，家里多了个"谣言转播站"？

细一问才知道，孩子是在某个短视频平台、聊天群或论坛上看到这些"信息"的，有些被配上惊悚标题、煽动性强的语音讲解，仿佛真相正在被"少数聪明人揭露"，而主流媒体都是"被操控"的。孩子没有判断能力，信以为真，甚至将错误信息带到学校，与同学争论不休。

在信息爆炸的今天，不只成年人被"标题党""阴谋论"影响，未成年人更是网络谣言的高危受害者。

【错误表达】

直接否定型

"你就别上网了，所有网络信息都是假的！"

"手机收起来！你别再看乱七八糟的东西！"

"一点筛选能力都没有，还天天刷，你就活在假新闻里吧！"

一刀切的封禁，不但无法杜绝信息来源，反而可能加重孩子的不安。他们只会偷偷看、偷偷信，而且越来越不信父母的话。

过度批判型

"你怎么这么轻易相信谣言，连这种话也信？"

"多思考一下，小学都没毕业就敢教别人怎么活？"

"你是不是紧张过头了，看那些假消息就吓得不敢吃饭？"

带着羞辱感的指责，不但无法让孩子"清醒"，反而可能激发孩子的逆反心理："你不懂！你就是不信科学的人！"一旦对话变成"谁更蠢"的争执，沟通就彻底崩了。

极端说教型

"别听别人瞎说，听爸妈的准没错。"

"你以后要是不知道什么事就来问我，别信任何人！"

这种"极端否定他人、极端强调自己"的做法，无形中和网络谣言用的"非黑即白"语言如出一辙。孩子会变得更加依赖"权威"，却依旧无法建立真正的判断力。

【松弛教育】

1.承认信息焦虑，让孩子知道"害怕并不丢人"

"你刚看到这些内容，是不是觉得很吓人？"

"我第一次听说'鸡蛋致癌'的时候也有点担心，后来查了一些资料，发现其实是被过度解读了。"

别急着纠正，而是先安抚情绪。信息带来的冲击，往往是一种"未知恐惧"。当孩子感受到父母不嘲笑他们，而是愿意一起面对时，他们才会愿意听"真话"。

2.一起"解剖"谣言，教孩子用科学的眼光看世界

可以把谣言当作一个"信息小实验"，邀请孩子一起来做"谣言破案人"：

"你查查，这句话最早是谁说的？"

"我们一起搜搜有没有更可靠的说法。"

让孩子逐渐意识到：并不是"我听到了"就是"事实"。

3.鼓励孩子多元阅读，扩大认知地图

经常陷入谣言的孩子，往往信息来源比较单一。知识和判断力是最好的"防谣疫苗"。可以从日常引导开始：阅读科普漫画、青少年科幻小说；观看纪录片，比如《走近科学》《故宫的秘密》《宇宙时空之旅》等；鼓励写"我看到的一则谣言"和"我查证的过程"。

【底层逻辑】

1.孩子并非"无知"，而是"认知方式仍在发展中"

孩子之所以会信谣传谣，是因为他们刚刚开始构建世界观，很多认知还处于"直观感受—情绪主导"的阶段，还没有形成系统的判断。父母越着急"纠正"，越容易忽视他们其实在"尝试理解世界"。

2.网络谣言利用了孩子对"秘密"的好奇心

孩子天性好奇，"你不知道的真相""主流媒体不敢说的事"，这些标题天然刺激探索欲。如果父母只是简单否定，却给不出更高质量的信息替代，孩子反而更依赖"小道消息"。

3.培养孩子"辨识—验证—反思"的认知路径

谣言不只存在于网络，还会出现在生活的方方面面。父母教给孩子"信息判断力"，比单纯"禁止接触"更有意义。

孩子被网络谣言误导，是在探索世界的过程中暂时走偏。作为父母，我们要做的，是点亮一盏灯，陪他们走出迷雾。用同理心化解焦虑，用科学拆解谣言，用理性对话引导成长，这才是让孩子在信息丛林中，走得更稳、看得更清的关键。

浏览不良网站

【场景还原】

"你怎么能看这种网站?！"

你在整理电脑时，意外发现孩子浏览过一些含有暴力、色情、赌博等不良内容的网站，既震惊又愤怒。孩子则满脸惊慌，嘴里却强硬地说："我就是点开看看，又没做什么。"

在智能手机和高速网络的加持下，青少年接触互联网的门槛越来越低，但他们辨别信息的能力和价值观判断却尚未成熟。有些网站打着"信息自由"的旗号做着传播不良思想、擦边图文等违法行为。一些青少年出于好奇、模仿、无聊，或者是朋友的"怂恿"，不经意间一步步接触不该触碰的灰色地带。

对孩子而言，这些内容不仅可能影响心理健康和价值观形成，更可能引发潜在风险与行为偏差，是网络世界中最需要警惕的暗角。

批判恐吓

"你再这样下去会有大麻烦！"

"这种行为很差劲！"

"全家脸都被你丢光了！"

用"道德崩塌"式的批判和"吓唬威胁"来压制孩子，可能让他们陷入恐惧，但并不会真正停止。反而会激发"越是禁止我越想看"的逆反心理，或偷偷摸摸变本加厉。

过度焦虑型

"我以前就说不给你手机，现在看到了吧！"

"网络都是垃圾，你别再用了！"

一棒子打死网络，不但剥夺了孩子正常使用网络的权利，也传递出"你无法控制自己，只能靠我管着"的信息。这种做法可能暂时解决问题，却无法培养孩子真正的辨别能力和自律意识。

贴标签批判型

"你年纪轻轻就学会干这种事，将来还有什么出息？"

> "你这么小就开始看这种低级东西，将来不指望你了！"

将个别行为"贴标签"发展为对整个人格的判断，无异于否定孩子全部的成长与自我。他们可能一开始只是出于好奇，而这种标签却可能成为他们自我认同的负面暗示，反而加速他们滑入危险边缘。

【松弛教育】

1.区分"偶发行为"和"成瘾倾向"

如果孩子只是偶然接触，家长要在保障心理安全的前提下，及时教育引导；如果孩子有持续关注的倾向，建议采取系统干预，比如设置设备防护机制、寻求心理专业人士指导等。

2.共同建立"网络安全防护"

· 与其空口说教，不如带孩子一起动手设置一些防护措施：

· 安装适合年龄的浏览控制插件；

· 共同设定使用规则（如每周网络使用日志、安全网站白名单）；

一起观看"网络安全科普"内容，了解不良内容的定义与危害。

让孩子参与"规则制定"，而不是单方面接受限制，更利于培养自主管理意识。

3.引导孩子探索健康兴趣，填补好奇空缺

青少年时期本就是探索期，如果不给他们健康的替代内容，他

们可能会转向刺激性强的低门槛"内容"。你可以这样引导：

"你对这个主题感兴趣，可以看看相关的纪录片，或者去图书馆找专业资料。"

用科学的、积极的内容替代灰色信息，是最有效的"疏导法"。

【底层逻辑】

1.好奇+网络便利，使孩子面临信息风险

不是孩子"有问题"，而是他们需要正确的引导。我们要教他们认识"网络世界的规则"，而不是简单喊"别碰！"

2.家庭的回避，会让孩子更愿意去网络找答案

如果家长回避谈论敏感话题，孩子在网络上接收到的就可能是扭曲的、片面的版本。

3.比禁止更重要的，是培养孩子识别与筛选信息的能力

"看什么"不是最关键的，重要的是孩子能不能判断"该看什么、不该看什么。""这是真的吗、可信吗？""看了之后我如何思考。"这才是真正的网络素养。

孩子接触不良网站，不一定是品行问题，更多时候是成长中的一次探索偏差。父母的职责不是做"封网卫士"，而是做"导航灯塔"。孩子越是在信息海洋中探索，我们越要温柔而坚定地引导方向。

CHAPTER 07

价值观篇

孩子说谎，越问越编

【场景还原】

"你刚刚是不是又在玩手机？"妈妈一边检查孩子房间，一边提高了音量。

"没有啊，我在看电子词典。"孩子语气平静，眼神飘忽。

可刚刚还亮着的屏幕上，分明是短视频界面。妈妈皱起眉头："你确定？我刚才明明听见视频声音了。"

"那……可能是不小心点开的……"孩子支支吾吾，声音越来越小，眼神也开始躲闪。

几分钟后，妈妈打开后台记录，发现孩子已经刷了40多分钟视频。这不是第一次说谎了，早在上周，作业没写完，却骗老师说"忘在朋友家"，再早之前，说零花钱弄丢了，结果被爸爸在抽屉里发现……

一次次被揭穿，一次次否认、抵赖，甚至编出一个又一个理由掩盖谎言。父母越来越担心："孩子到底怎么了？为什么越来越不不愿意说实话？"

【错误表达】

面对孩子说谎，很多父母会直接发火，甚至习惯性地使用一些"情绪化语言"来刺激、指责孩子，但这些做法往往适得其反。

1."你怎么说谎都说得脸不红心不跳！"

带着羞辱性质的语言会让孩子陷入强烈的自我否定中，既伤了自尊，又激起了对抗心理。孩子可能为了避免再被羞辱，变得更加喜欢隐瞒，撒更多的谎。

2."你再骗我一次试试，看我不打断你的腿！"

用暴力或恐吓威胁的方式解决问题，不仅无法帮助孩子建立正确的是非观，还会让他变得更加防备和抗拒交流。说谎可能演变成一种逃避惩罚的习惯。

3."你小时候还挺乖的，怎么越长大越不说实话？"

这样的评价传达的是失望和否定，可能会让孩子觉得无论自己做什么都无法被认同，于是干脆破罐子破摔，甚至在自己心里贴上"我是坏孩子"的标签。

4."是不是你那几个朋友教你的？"

将责任全部推给孩子的朋友，不仅没有解决根本问题，还会让孩子对父母失去信任，觉得父母不理解他，甚至可能激发更深的对抗情绪。

1.从信任出发，而不是从质疑开始

 **不妨这样说：**

"我想听听你真实的想法，你不用急着回答，即使有问题，我们也可以一起解决。"

用温和的语气、坦诚的态度，营造一个安全的沟通氛围，让孩子感受到说实话是被接纳的，这比直接揭穿和斥责更能打开孩子的心门。

2.允许犯错，强调责任，而不是羞耻

 **比如说：**

"如果你玩手机耽误了作业，这件事本身并不可怕，但我们要学会面对后果，并尝试去改正。"

孩子说谎，有时是出于怕被骂、怕被罚。如果父母能让他明白"说实话不会被吼，但逃避会让问题更复杂"，他自然会慢慢卸下心理防线。

3.帮助孩子理解"诚实"的价值

与其单纯说"说谎是坏事"，不如和孩子探讨："你觉得你说谎后，心里是不是更紧张了？""你有没有因为说谎更紧张、怕被

发现？"让孩子自己体会，说谎往往比诚实更消耗精力。

4.复盘，而不是翻旧账

在事情过去后的一两天，可以坐下来聊聊："你那天为什么会那样说，是不是有什么担心？"复盘的目的不是清算错误，而是寻找解决路径。

【底层逻辑】

在10~15岁的阶段，孩子开始在意他人的评价，尤其是父母的态度。一旦觉得"说实话可能带来负面反应"，他们可能就会选择隐瞒甚至说谎。说谎是个信号，提醒家长：孩的子内心需要更多支持。

有的孩子是怕被骂，所以选择撒谎；有的孩子是想维护"好学生""乖孩子"的形象，不敢承认失败；还有的孩子，只是不知道如何面对后果，于是用"掩盖"来应对当下。

对父母而言，如果每次孩子说实话的结果都是挨训、受惩罚，那他下一次就可能选择说谎。反之，如果能用接纳的态度回应，甚至说："谢谢你愿意告诉我。"那么孩子会觉得诚实是被支持的，是有意义的。

说到底，孩子是否诚实，反映的是家庭沟通的方式。父母的态度，就是这套系统的开关。如果总是带着"审判"心态去追问，孩子自然会防御。但如果父母愿意耐心倾听、理解动机、共同面对，孩子会越来越敢于表达真实的自己。

不经允许拿家里的钱，不觉得是错

【场景还原】

"我钱包里明明还有一千块，怎么现在只剩下一百？"妈妈一边翻包，一边嘀咕。

"我没动！"孩子脱口而出，神情紧张。

但妈妈还是在孩子抽屉里发现了一张皱巴巴的百元钞票，还有刚刚送货上门的外卖和快递——游戏充值卡、手办、一大包零食……

"你为什么不跟我说一声？怎么可以不经同意就拿家里的钱？"妈妈气得声音都抖了。

"我也是家里的人，为什么不能用家里的钱？我又不是偷的！"孩子振振有词。

这已经不是第一次"钱包缩水"的经历，父母早已心存怀疑，可孩子总是用"看错了吧""我忘了说""顺手拿了点"来搪塞。

直到这一次"证据确凿"，父母这才意识到，孩子对金钱的归属和边界缺乏清晰的认知。

【错误表达】

严厉惩罚型

"你居然敢偷钱！今天不打你一顿，你就不知道错！"

家长用暴力惩罚处理问题，会让孩子产生恐惧心理，却未必能真正理解行为的错误本质。孩子可能会因为害怕挨打而暂时停止错误的行为，但内心并未建立正确的价值观。

道德贬低型

"小小年纪就学会偷东西，以后肯定会学坏，成个小偷！"

给孩子贴上负面的道德标签，会严重伤害孩子的自尊心。孩子会觉得自己已被定性为"坏人"，从而自我否定，甚至可能破罐子破摔。

冷漠失望型

"你太让我失望了，以后别再找我要钱了。"

家长冷漠失望的态度会让孩子感到被抛弃，但愧疚和无助并不能引导正确反思，反而可能让孩子通过更极端的行为寻求关注。

纵容包庇型

"算了，孩子还小，不懂事，下次别这样就行了。"

对孩子的行为采取纵容包庇的态度，会让孩子觉得随便拿家里的钱不是什么严重的事情。这会强化孩子的错误行为，长期如此可能导致孩子形成扭曲的价值观。

【松弛教育】

1.区分"偷"和"动"，不制造恐惧，而是厘清边界

对孩子来说，"家里的钱"不等于"自己的钱"这一点并不清晰。与其一上来就说"你偷钱"，不如坐下来平静地说："你拿了钱但没告诉我，这件事让我有些担心。我希望我们家的钱不是'随便拿'的，而是'可以商量着用'的。"

2.鼓励"花钱前沟通"，而不是完全禁止支配

建议和孩子一起制定规则，给予部分零花钱自主权，同时保留重要支出的讨论空间，远比一味地"管控+惩罚"更能建立责任意识。

3.引导"消费欲"与"价值判断"

很多孩子拿钱，是为了"跟风"或获得短期满足。家长可以借

不控制的父母 不焦虑的孩子 ▶▶

此机会讨论："你觉得这张卡值不值100元？""这100元还可以用来做哪些事？"

4.鼓励"弥补与修复"而不是"羞辱与惩罚"

避免当众揭短或羞辱孩子。更有效的方式是："我们现在怎么处理这件事？是否要通过做些家务来'还'这笔钱？""下次遇到类似情况，你准备怎么做？"

【底层逻辑】

随意拿家里的钱，反映的不只是金钱观的问题，更是边界意识、责任感和家庭信任机制的缺失。

很多孩子其实不觉得自己在"偷钱"，而是下意识地把家庭资源看作"共享库"。这是因为在他们的成长经历中，父母往往承担了一切，没有明确设立"资源边界"的教育。例如：

· 平时想买什么父母就掏钱，从不讨论价格或预算；

· 父母用"我养你""我说了算"主导家庭经济，孩子没有参与过与金钱有关的对话；

· 家庭从未讨论过"钱从哪里来""钱怎么花"的问题，导致孩子没有"金钱是有限资源"的认知。

父母要做的不是突然"抠门"，而是从小在家庭里建立一种"理财对话"的文化，让孩子知道金钱是需要尊重和管理的，而不是随便拿、随便花的。当孩子逐渐学会为自己的需求阐述理由、衡量价值、做出选择，他们也会慢慢理解：真正的自由源于对规则的尊重，而非无限制的索取。

花钱大手大脚

【场景还原】

"我不是才给你300块零花钱吗，怎么又没了？"

"就买了杯奶茶、两包薯片，还有同学过生日随了点礼金，不多啊。"

"可这才两天，你就全花光了？"

"钱就是用来花的啊！干吗非得攒着？又不是买房。"

听到这句"理直气壮"的回怼，很多家长瞬间气血上涌。并非家长不愿给孩子花钱，而是担忧孩子对金钱的轻率和冲动——没有计划，缺少节制，忽略价值，今天想买这个，明天想买那个，消费全凭心情，像流水账一样难以把控。

孩子一旦没钱了，还理直气壮地伸手，甚至质问父母："又没多少钱，为什么不能给我？"久而久之，家长可能疲于应付、焦虑满满，而孩子却未形成负罪感。

【错误表达】

1. "你以为钱是大风刮来的？"

这类表达虽然意在提醒孩子珍惜金钱，但语言过于尖锐，容易引起孩子的抵触甚至自我否定，他们可能只记得你不讲理，却听不到你的苦心。

2. "你怎么一点金钱观念都没有？"

直接下判断、贴标签，不仅难以帮助孩子反思，还可能伤害他们的自尊心，让他们觉得"或许你也不信我能学会节制"。

3. "你花钱像流水，还好意思张口要！"

带有指责色彩的评价，会让孩子觉得被否定甚至被羞辱，久而久之，他们可能不再和父母坦白自己的花销，而是偷偷私下挪用钱，甚至偶尔产生撒谎的行为。

4. "我上学那会儿，一块钱都要掰成两半花！"

拿自己小时候的节俭经历对比现在的消费方式，容易让孩子产生"时代不同"的心理距离，也忽略了当代青少年面临的消费诱惑和社交压力。

5. "你再乱花钱，就别想再从我这儿拿一分钱！"

用"断金流"的方式施压，看似强硬实则效果有限。孩子可能短期内收敛，但并不理解其中的道理，更不会因此就真正学会理性消费。极端情况下，他们可能选择绕开父母，向朋友借钱或尝试其他途径进行不当交易。

【松弛教育】

面对孩子"乱花钱"，松弛感的父母的目标不是"控制"，而是引导孩子学会管理金钱、理解价值、感受节制的力量。

1.从"多少钱"转向"怎么花"

不妨这样说："我们不是反对你花钱，而是希望你能花得值得。"与其一味压制孩子的消费需求，不如和他一起回顾账单，思考："哪些是必要的？哪些是冲动的？哪些是可替代的？"

2.设置"延迟满足"的任务

如果孩子想买一双很贵的鞋，不要马上说"这个太贵了"，而是可以建议他自己积攒一部分，延后实现。让孩子体验"想要"与"需要"的区别，练习耐心和目标规划的同时，也会在等待中感受到拥有的珍贵。

3.营造"花钱有选择权"的家庭氛围

家庭中可以定期设置"金钱选择讨论"：这个月我们家庭聚餐预算300元，是去吃一次高档餐厅，还是用一半的钱野餐，一半存起来？让孩子参与"花钱决策"的过程，练习取舍。

4.和孩子共创"消费计划表"

比如每周固定给零花钱，然后一起制订一个"预算安排"：多少是日常消费，多少是储蓄目标，多少可以自由支配。每月复盘一

不控制的父母　不焦虑的孩子

次，让孩子逐渐建立金钱"规则感"和"自主感"。

【底层逻辑】

孩子"花钱大手大脚"，表面看是金钱意识薄弱，实质上可能是"延迟满足、价值判断、自我控制"能力的不足。

这不是一两句"省点用""别乱买"就能解决的，而是需要日常生活中不断"体验—讨论—选择—反思"的过程。孩子要通过一次次花钱、计划、后悔、调整，才能真正内化为金钱观。

在这个过程中，父母的"态度"才是关键：

· 过度担忧"孩子乱花钱"，容易陷入唠叨或过度干预；

· 把"乱花"当作学习机会，孩子反而更快学会"怎么花"。

教育的目的，不是让孩子变成"过度比较的消费者"，而是让他在自由中学会选择，在限制中理解节制，最终拥有健康的自我管理能力，这才是人生最持久的"资产"。

疯狂追星，"应援"偶像

　　放学回家，孩子就把书包一丢，冲进房间，一边拿出手机刷短视频，一边嘴里念念有词："天啊，今天小泽的营业图也太帅了吧！"晚饭刚好端上桌，他还没来得及吃两口，就又回到房间准备"冲榜打投"。

　　你好奇地问："什么是'打投'？"他头也不抬地答："就是给偶像投票啊！现在粉丝团在集资买热搜，要冲进前三，咱不能掉队！"你再一问才知道，为了"应援"偶像出道、上榜、登封面，他不仅掏光了自己的零花钱，还向同学借了钱，甚至未经允许用了你的微信支付。

　　而且这已经不是第一次了。前几天，为了买一件偶像同款卫衣，孩子持续一周没吃午饭，说"为了偶像，忍一忍值得"。

你心里一沉——追星本身没错，可这样追，真的健康吗？

【错误表达】

1. "追星有什么用？人家根本不知道你是谁！"

这句话虽然直白，却很伤人。它直接否定了孩子内心的情感寄托，反而可能激发他们"证明自己价值"的冲动。

2. "你还不如把这些精力花在学习上！"

把追星与学习简单对立，容易让孩子觉得"你不懂我"。他们未必会因此爱上学习，反倒可能用"更投入地追星"来表达抗议。

3. "都这么大了，还不懂事，天天花钱追星，丢不丢人？"

带有贬低的语言容易让孩子感到被否定，进而可能选择"封闭自我"或更隐蔽地追星。

4. "你要是再花钱打赏，我就断你零花钱！"

通过经济缩减来约束行为，短期或许见效，但从长期看，只会让孩子将追星行为"地下化"，变得更难沟通。

5. "他凭什么让你这样拼命？你是他什么人？"

这类质问往往让孩子感到难堪，也可能促使他们更执着于"争取偶像注意"，甚至沉迷于不现实的幻想中。

这些错误表达的本质在于家长用成年人的视角直接评判孩子当

下的情感依恋与价值投射，未能理解孩子在对偶像的追逐中，往往包含着"寻找认同"和"建构自我"的心理需求。

【松弛教育】

1.理解而不纵容，尊重而有边界

可以温和地说：

"我能理解你喜欢小泽，他确实挺努力也很有才华。喜欢一个人本身没问题，不过我们可以一起商量一下怎么更合理安排时间和花销，好吗？"

2.引导孩子"欣赏偶像的内核"，而不是表面光环

"你觉得小泽最让你喜欢的是什么？是他的努力、才艺，还是他说过什么话特别打动你？"然后再顺势引导，"既然你喜欢他努力的样子，那你也可以给自己设个小目标，咱也试试看做点自己喜欢又坚持得下来的事。"

3.鼓励孩子从"追星"走向"自我成长"

你可以说：

"你知道吗？很多大人小时候也追星，但后来都找到了自己真正热爱的事。你有没有想过，你喜欢小泽，或许也是因为你有点想成为像他那样的人？"

4.设立具体规则，参与孩子的追星活动

比如：

"我们约定每月拿出30元钱用于支持偶像，但不许额外借钱；时间上也可以设个上限，比如周末刷直播或做表情包，平时以学业为主。"

家长甚至可以主动了解："那你给我看看他的演出，我也想知道你为什么喜欢。"这样更能拉近距离，也更有机会介入引导。

【底层逻辑】

1.身份认同的需求

青春期是自我认同的关键时期，孩子会借助"偶像"作为镜像，建构自己的价值坐标："我喜欢他，是因为我也想成为那样的人。"在他们眼中，偶像就是某种"理想化自我"的映射。

2.情感寄托的需求

在现实中的情感需求未被满足时，偶像就成了"虚拟情感出口"。特别是在家庭缺乏高质量沟通的情况下，追星甚至可以带来暂时"归属感"和"被理解"的错觉。

3.社交需求的延伸

孩子往往不是"一个人追星"，而是融入一个"饭圈"社群，在里面找到志同道合的伙伴，共同打投、组队应援，孩子的社交成

就感得到极大满足。而这类圈子也容易形成"盲从氛围"，影响理解判断。

4.情绪掌控能力尚弱

青少年大脑的自控区域尚未发育成熟，对即时满足（比如购买周边、打赏直播）的冲动难以抑制，也缺乏理性判断和金钱管理能力。这不是"不懂事"，而是成长中的正常现象。

智慧锦囊

当家庭能提供足够的理解和引导，孩子自然会在爱中学会平衡，最终成为既能保持热爱，又懂节制的人。

不控制的父母　不焦虑的孩子 ▶▶▶

迷恋奢侈品，过度追求名牌

【场景还原】

"妈，你给我买个XX品牌的腰包吧，班上三个同学都有了，我再背帆布包，太丢人了。"

"爸，我想买XX限量款球鞋，就那双红黑配色……

你惊讶地看着刚升初二的孩子，心里直犯嘀咕："这年纪不是该关心学习、打球、玩游戏吗？怎么忽然对名牌这么在意？"

你试着讲道理："现在用不上这些，等你大了自己赚钱，想买什么都可以。"

结果孩子不但没理解，反而变本加厉："别人的家长都买，你为什么不行？你们就是不在乎我的面子！"

你无奈又愤怒："什么时候开始这么在意这些了？"

不知什么时候起，孩子的朋友圈里流行起晒鞋、比包、贴穿搭标签。那些"看起来很贵"的东西，成了衡量人气和地位的隐性标准。原本你以为孩子"懂事又节俭"，其实他早就默默在心里算计"怎么说服爸妈为我买单"。

【错误表达】

面对孩子的"名牌梦"，很多父母一着急就容易说出一些带有批评、讽刺或对立立场的话，结果适得其反。

1."你还知道这些奢侈品？你倒是挺有'见识'！"

这类话表面看似调侃，实际上带着否定和羞辱，容易激起孩子的防御心理："我知道品牌怎么了？别人都有我就不能有？"

2."你连衣服自己都买不起呢，还谈什么面子？"

把孩子对物质的渴望粗暴打压，反而可能激发更强烈的"补偿心理"，觉得"只要有钱，一切都能解决"，埋下价值观扭曲的种子。

3"你这是虚荣，是打肿脸充胖子！"

贴标签、扣帽子的表达方式，只会让孩子感觉被贬低、被羞辱，更不愿意和父母沟通。

4."你穿那么好看有什么用？考试能考第一吗？"

用"成绩"去对比"消费欲"，让孩子觉得父母只看学习，忽视他的社交需求和同龄人压力。

5."你就知道花钱，不知道心疼我们挣钱多辛苦！"

情感绑架虽然能短暂让孩子闭嘴，但不能真正解决"为什么孩子会对奢侈品产生兴趣"的问题，反而加剧亲子关系对立。

【松弛教育】

1.帮助孩子区分"喜欢"与"被同龄群体影响"

"你是因为真的喜欢这个品牌，还是觉得如果没有就会被大家看不起？"引导孩子思考背后的动机：是"我真的喜欢"，还是"我怕被落下"。

2.鼓励孩子从"品牌消费"转向"审美与个性表达"

"你可以试试性价比高又有设计感的国潮品牌，时尚不一定非得贵。"可以让孩子尝试搭配式DIY，让他们感受到"穿搭的乐趣"而非"价格的攀比"。

3.设定预算，引导理性消费

"这个月的零花钱是300元，你可以自由支配，但要自己权衡：是吃零食、看电影，还是存几个月换一双鞋？"

孩子需要从小开始练习"花钱有选择，不是想要就能要"。

4.讨论"财富与价值"的关系

"真正有格调的人，靠的是自信、有才华和判断力，而不是靠名牌撑场面。名牌可以是加分项，但不能成为你的核心价值。"

5.带孩子了解消费社会与品牌背后的逻辑

可以一起看纪录片或文章，如《高价背后的营销手段》《潮牌文化与青少年心理》，培养孩子的消费辨别能力。

【 底层逻辑 】

孩子"迷恋奢侈品"的背后，并不只是"贪图虚荣"，而是以下几个心理驱动共同作用的结果：

·社交身份认同：在"同龄人文化"中，孩子希望通过某种外在标识（如穿AJ、用LV手机壳）来获取认同感与群体归属，避免被孤立。

·自我价值的外部投射：当孩子在学习或家庭中缺乏成就感，往往更容易依赖"物质符号"来证明自己。

·对"成功"的误解：社交媒体上的"光鲜生活"极易让孩子误以为：有钱＝成功＝被羡慕，甚至误以为"拥有品牌"就是通向成功的捷径。

·模仿式消费意识尚未成熟：青少年思辨能力尚在发展阶段，易被潮流牵引，模仿"想成为的人"。

总之，孩子爱美、爱时尚、渴望认可是正常的成长表现，但父母要守住价值观的底线，引导他们从模仿到独立，从"模仿外在"转向"建设内在"。

不控制的父母　不焦虑的孩子

外貌焦虑，极端减肥

最近你发现孩子饭量越来越小，不吃早餐，晚饭只夹两根青菜，嘴里还念叨着："今天摄入太多热量了，不能再吃了。"你隐约觉得不太对劲，直到有一天无意中听到她在房间里跟同学语音通话：

"我现在控制在每天800卡以内，下周争取掉两公斤。"

"你试试那个'喝水断食法'，一整天只喝水不吃东西，掉秤超快。"

你心里一紧，女儿身材匀称，为什么突然这么拼命减肥？

你问她是不是身体不舒服，她却说："我不想再被人说脸圆腿粗了。""你不知道，同学都说瘦下来才是'女神'。"她一边刷着短视频，一边给你看那些"瘦到纸片人"的博主照片，"人家这样才叫漂亮。"

你意识到，孩子正处于外貌焦虑的旋涡中，可能正在悄无声息地自我审判、自我惩罚、甚至逐步远离健康。

【错误表达】

1."你这体重也要减？你这不是作吗！"

表面是质疑孩子的动机，实际上可能让孩子觉得自己的感受被否定，从而加重她对身体的羞耻感。

2."整天就知道照镜子，读书怎么没这么自觉？"

用"学习成绩"指责孩子对外貌的关注，会让她觉得自己在父母眼中一无是处，既不被认同，也得不到理解，反而更封闭自己。

3."你不是小明星，不用天天想着变漂亮！"

类似这类"现实劝退式"话语，会让孩子认为"追求美"是一种不务正业的表现，而不是青春期自我意识的一部分，从而压抑甚至敌视自己的自然需求。

4."你要再这样减下去，看我怎么收拾你！"

用"惩罚"来阻止她不吃饭，可能表面看起来是关心，实质上却是在用控制代替沟通，容易让孩子把"吃饭"变成对抗父母的战场。

5."你还小，这种事不用想太多。"

把孩子的心理挣扎简单归结为"年纪小、不懂事"，不仅无法真正缓解焦虑，还会激发孩子内心的孤立感，认为"这个世界没有人愿意听我说"。

当孩子对外貌产生焦虑，甚至采取极端减肥行为时，父母不能只是"干预她吃不吃饭"，更要了解她为何开始否定自己的身体，探索她的审美焦虑从何而来。

1.接纳她的情绪，不急着纠正她的做法

"你觉得自己不够好看，这种感觉肯定让你很难受。可以跟我说说你是从什么时候开始有这种想法的吗？"用倾听代替说教，比"讲道理"更有穿透力。

2.拆穿"网络美学"的滤镜陷阱

一起刷短视频时可以指出："这类博主可能用了瘦脸滤镜或者修图软件。""她拍照的角度和光线其实是'营造效果'，不一定是真实身材。"让孩子意识到：你看到的，未必是她们真实的样子。

3.用多元榜样拓展审美维度

向孩子介绍不同风格的偶像人物，例如阳光自信的田径女孩、健康有力的女运动员、有风格的女主持等，引导孩子欣赏"有气场、有内容"的魅力。

4.关注减肥背后的心理需求

孩子极端控制体重，有时不是单纯爱美，而是想在某种压力中"获得掌控感"——比如学习压力、社交焦虑、亲密关系的困

扰。父母要留意这些背后可能的情绪源。

【底层逻辑】

1.社交评价的影响不可忽视

同龄人之间的话语——"她最近瘦了好漂亮""你怎么吃这么多"——可能比父母更有影响力。一句评价或许会成为孩子"身材焦虑"的诱因。

2.社交媒体放大的"标准审美"

网络平台充斥着"尖下巴、筷子腿"的审美模板，容易让孩子误以为这就是美的唯一标准，自己"与理想身材的距离"越远，越自卑。

3."控制饮食"背后的心理动机

对一些孩子而言，"控制饮食"不仅是减肥手段，更是一种"试图掌控生活"的方式。尤其在学业或家庭中缺乏自由感时，节食可能成为他们寻求掌控的一种错位尝试。

所以，父母该明白：孩子的身体，不是父母评判的"展示品"，也不是社会主流审美下的"标准化模板"，而是她生命旅程中真实存在的"伙伴"。教会孩子善待身体、接纳自己，是父母送给孩子长的远的底层力量。

CHAPTER 08

心理素质篇

抗挫能力差

【场景还原】

期末考试成绩刚公布，李阿姨家的儿子小宇躲在房间里，一整天没出来。李阿姨原本以为儿子是在复习功课，结果走进去一看，书桌乱糟糟的，书包也丢在一边，小宇整个人缩在被子里哭。

"怎么了？"李阿姨问。

"我考砸了！"小宇带着哭腔说，"同学们都比我考得好，我没脸见人了！"

李阿姨想安慰几句，没想到小宇情绪更激动："我就是个失败者，干什么都不行！你们一定也很失望吧！"

这不是第一次。之前学校篮球比赛没进决赛，小宇回家也是闷闷不乐好几天，还把球鞋直接扔进了垃圾桶。平时遇到难题放弃、输一场比赛自责、朋友关系出点小问题就觉得"特别难受"……每次生活中出现一点波折，小宇都像是天塌了一样，难以承受挫折带来的打击。

【错误表达】

指责批评型

"这点小事你都受不了？将来怎么在社会上立足？"

这种语言可能让孩子觉得当下的情绪被否定掉，让他感觉"我不被理解"，也会让他更焦虑地联想到未来的挫败感，反而进一步削弱了信心。

轻视敷衍型

"这有什么大不了的？别矫情了，赶紧去做别的事。"

轻描淡写地看待孩子的情绪，可能会让孩子觉得自己"太矫情"，久而久之也不愿意再对家长敞开心扉。

过度保护型

"没关系，我跟老师反映，以后不要出那么难的题了。"

过度保护孩子，看似是爱护孩子，实则剥夺了他们锻炼抗挫能力的机会。孩子会变得越来越依赖家长，一旦离开家长的保护，遇到问题就会手足无措。

盲目比较型

"你看看隔壁家的孩子，考差了还能自己分析原因，再看看你，就知道哭！"

横向比较可能会让孩子觉得"我怎么努力都不够"，让挫折变成自我否定的理由，而不是成长的机会。

【松弛教育】

面对孩子因挫折而低落、情绪波动，我们需要换一种方式，引导他们看到"失败"背后的价值，帮他们慢慢建立起应对挫折的心理韧性。下面是一些可以尝试的表达和做法：

1."你现在很难过，是因为你真的很在乎这件事。"

这种表达首先接纳了孩子的情绪，传达出"我理解你"的信号，是建立亲子沟通桥梁的重要方式。

2."我们一起看看，这次没达成目标，哪里可以改进？"

把挫折视为一个复盘的机会，既能帮助孩子更客观地面对现实，又能引导其注意力转向"下一步"，而不是停留在自责中。

3."每个人都会经历失败，我小时候也有过类似的经历。"

家长主动分享自己的失败经历，不仅能拉近亲子关系，还能让

不控制的父母　不焦虑的孩子

孩子知道，失败并非特例，不是"独属于我"的糟糕经历。

4."我很欣赏你能承认自己没做好，这其实已经很勇敢了。"

从态度上给予肯定，比单纯批评结果更有助于孩子建立自信。

5.鼓励参与"非结果导向"的活动

画画、做手工、徒步、种植物等活动，能让孩子在"不以输赢为目的"的情境中体会到"过程本身"的价值感，进而调整对"成功与失败"的理解。

【底层逻辑】

1.了解孩子的心理发展阶段

10~15岁是孩子心理迅速发展的阶段，他们尚在建立逻辑思维和情绪管理能力。一件小事，在大人看来"不算事"，但在孩子眼里却可能是一场"人生危机"。

2.避免传递焦虑

在家庭中，部分父母对"失败"本身就充满焦虑。孩子考砸了，父母有时先想到的是"以后怎么办？"孩子被批评了，父母可能立刻联想到"他是不是性格有问题？"这种"过度担忧"的焦虑情绪，会无形中传染给孩子。

3.构建支持松弛成长环境

松弛感的父母能在孩子遇到挫折时，会先陪他"处理情绪"，然后带他"看清事情的本质"，再帮助他"思考可行的应对方式"。这样的父母，给予孩子的是成长的空间。

易怒易冲动，动不动就发脾气

【场景还原】

周五傍晚，14岁的轩轩一回到家就把书包重重摔在地上，嘴里嘟囔着："烦死了！"妈妈陈梅刚问了句"怎么了"，轩轩就突然大声吼道："别问了！我不想说！"陈梅被这突如其来的脾气吓了一跳，轩轩却直接冲进房间，砰地关上了门，还把书桌上的本子都扫到了地上。

在学校里，轩轩的脾气也容易被点燃。一次课间，同学不小心碰倒了他的水杯，水洒在了作业本上。轩轩立即暴跳如雷，一把推开同学，大声喊道："你是不是故意的！"两人因此起了冲突，最后闹到老师那里。还有一次小组讨论时，因为意见不合，轩轩直接把手中的资料摔在桌上，说："不做了！谁爱做谁做！"然后气冲冲地离开了教室。

在家，轩轩也经常因为一些小事对家人发脾气。吃饭时嫌菜不合口味，就把碗筷一推；他让帮忙拿个东西，稍微慢一点就不耐烦地抱怨。看着孩子越来越容易暴躁，陈梅既担心又无奈，不知道该怎么帮助轩轩管理情绪。

【错误表达】

以暴制暴型

"你还敢发脾气？反了你了！再这样就给我出去！"

家长用更激烈的态度回应孩子，只会让孩子的情绪进一步升级，引发更强烈的对抗。这种方式不仅不能解决问题，还会让孩子学会用同样暴躁的方式处理矛盾。

冷漠忽视型

"发什么疯，别理他，过会儿就好了。"

家长冷漠忽视的态度，会让孩子觉得自己的情绪不被重视，内心的委屈和愤怒无法得到疏导。长期下来，孩子可能会更加压抑情绪，或通过更极端的方式来引起关注。

翻旧账型

"又整这出，一点事就发火，以后谁能受得了你！"

这种表达会将孩子推入"我不被接纳"的孤立感之中，家长要先共情再引导，聚焦当下问题。

过度说教型

"你怎么就不能控制一下自己的脾气？遇事要冷静，跟你说了多少次了！"

虽然家长的出发点是好的，但在孩子情绪激动时进行说教，孩子根本听不进去。这种无效的沟通不仅无法解决当下的问题，还会让孩子对家长的教育产生抵触情绪。

【松弛教育】

1.情绪来临时，允许他"暂停"

当孩子情绪爆发时，第一时间不是去讲道理，而是给予"理解"。可以说："我知道你现在很生气，需要先去房间冷静一下吗？我们一会儿再说。"

2.帮孩子找到情绪背后的"真问题"

孩子愤怒的表象下往往隐藏着更深层的感受。例如：作业做不出来，他可能觉得"我是不是很笨"；游戏打输了，可能是在意"被朋友笑话"。你可以尝试这样引导："是这道题太难让你有点烦了吗？"或"是不是自己做不到觉得有点挫败？"

3.引导孩子用"说"代替"吼"

情绪管理不是压抑，而是表达方式的升级。可以与孩子约定一

不控制的父母　不焦虑的孩子 ▶▶▶

个"情绪安全词"或"红色提醒词"，比如："你可以说'我现在有点烦'，这比摔东西更能让我理解你。"

4.父母示范情绪调节的方法

当家长自己遇到情绪波动时，不妨在孩子面前说："我现在挺烦的，我先去阳台冷静一下。"你用行动告诉孩子——情绪不是不能有，而是需要调节的。

【底层逻辑】

很多孩子不是"不会控制情绪"，而是"可能不太明白情绪是怎么回事"。他们或许无法区分"生气"和"委屈"，也不清楚"愤怒"除了吼叫，还有哪些表达方式。父母如果总是用"强压+否定"应对孩子的情绪，结果可能是：孩子要么把愤怒往外爆（脾气暴躁），要么把愤怒往内藏（自我压抑），这两种方式都不利于健康的人格养成。

养育情绪稳定、有控制力的孩子，需要家长先接纳他们的"情绪波动"，再温和但坚定地帮他们"升级表达方式"。这是个过程，不可能一蹴而就，但只要你持续示范、耐心引导，孩子的情绪调节会越来越成熟。你要相信，一个情绪被允许表达、被看见、被理解的孩子，更有可能真正学会控制情绪，而不是被情绪控制。

缺乏自信，总觉得自己不行

【场景还原】

明明只是一次普通的小测验，孩子却在成绩出来前就坐立不安，低声念叨："肯定考砸了。"

你轻声安慰："没事，尽力就好。"

他却继续摇头："我就这水平，不行的。"

放学回来，他垂头丧气地说："我们班谁谁又被老师夸了，我连被看见的机会都没有。"

你说："那你也努力一点啊。"

他立马怼回来："努力有什么用？我根本不是那块料。"

你越鼓励，他越否定；你越想推他一把，他越往后退。看着这个经常低着头、不敢争取、不敢表现的孩子，你既心疼，又无奈——明明他不是没能力，怎么就这么容易自我否定，似乎从来不肯相信自己呢？

【错误表达】

面对孩子的"我不行""我不会"，很多家长急于反驳，试图"强行灌鸡汤"，反而容易产生反效果。

1. "你又没试过，怎么知道不行？"

看似在鼓励，实则可能是在指责孩子"胆小懦弱"。孩子内心不但没有被接纳，反而会觉得"你不理解我，只会逼我去做我不敢做的事"。

2. "你这样长大能干吗？一点事都不敢尝试！"

用对未来的担忧"回应"孩子，可能只会加重他们的焦虑，使"我不行"变成一种更深的自我验证。

3. "就你这样，还想考重点学校？"

类似的话语，不但打击了孩子的目标感，还可能在潜移默化中让他们产生"我不配有梦想"或"这个目标不适合我"的想法。

4. "你看看人家多自信，再看看你！"

对比式打击容易造成高压式羞辱，孩子不但不会变好，反而会下意识远离那个被你"夸"的人，以维护自己的自尊。

5. "你这点事都做不好，还能干什么？"

这类语气中暗藏"全盘否定"，会让孩子对自己产生深刻的怀疑。很多青少年内心的"不自信"，正是源自日积月累的小挫折被"无限放大"的体验和解读。

【松弛教育】

松弛感父母面对孩子缺乏自信的状态，不是强拉硬拽，不是贴标签，更不是用打击来刺激，而是用温柔但坚定的方式，一点点"托起"他对自己的信任。

1. "不管结果怎么样，我都知道你在努力。"

让孩子知道，他的价值不取决于分数或成功，而是他努力的过程被看见和认可了。

2. "失败也没关系，我们一起总结经验就好。"

把失败当作一种常见的现象，有助于降低孩子对"错误"的恐惧感。

3. "你可以先试一下，我就在旁边陪着你。"

给孩子提供一个"试错缓冲区"，让他知道，不需要一下子做到完美，也无须独自承担结果。

4. "你不相信自己没关系，我先借你一点我的信心。"

这是一种极具温度的支持方式，帮孩子建立"有人相信我"的安全感。

还有一些非语言的支持方式也非常有效：

多给孩子一些"可掌控"的任务，如让他帮忙计划一次家庭活动、安排自己的学习计划、做一次小型分享等，让孩子在实践中获得掌控感；

不控制的父母　不焦虑的孩子

应避免当众贬低孩子，哪怕是"开玩笑"，尤其是在亲戚、同学面前，这类情况更容易伤害他的自尊。

【底层逻辑】

孩子缺乏自信，通常是由以下几种原因共同作用形成的。

1.过度比较，导致自我否定：当孩子长期处在"别人家的孩子"的环境下，他们较难从自身发展出稳固的自我价值感。一次次被拿来比较的经历，容易形成"我不如别人"的潜意识。

2.成长环境中反馈单一，缺乏正向强化：很多孩子小时候常听到"你这个做错了""你那个做得不好"，相对较少听到"你这样处理真不错""你已经进步很多了"。长期缺少积极反馈，容易让孩子对自己逐渐失去信心。

3.对失败的恐惧远远大于对成功的渴望：一些孩子对"失败"可能过度敏感，有时会把失败等同于"不被爱""被看不起"，因此，他们宁可逃避尝试，也不愿冒风险。这并不是懒，而是一种心理防御机制。

真正的自信，往往来自一次次尝试中积累的"小成功"，以及有人在你跌倒时说："没关系，我在这里。"松弛感父母的角色，不是给孩子制订更高目标，而是陪他走完每一个"不确定"的过程，给予真实、有力的支持。当一个孩子内心感到"我是值得被爱的、是被看见的"，他往往就更有勇气挺直腰杆，走向前方。

把"想死"挂嘴边

【场景还原】

作业多了点，孩子抱着头叹气："我不想活了。"

你皱眉："别瞎说！"

孩子撇嘴："说真的，活着也没什么意思。"

考试失利后，他闷闷不乐，你试着安慰："下次加油就好了。"

他却喃喃："我根本没用，活着干吗？"

有时候只是没抢到喜欢的游戏皮肤，他也会愤愤地说："我要是死了，是不是就没人烦我了？"

你想说他小题大做，可又觉得心里发毛——这些话只是在表达情绪，还是需要警惕的危险信号？

越来越多的孩子，在日常对话中把"想死""不如死了算了"挂在嘴边，看似"开玩笑"，却可能反映出一种不容忽视的心理困顿。如果父母仅仅觉得"孩子情绪化""太脆弱"，或者认为这是"博关注""作戏"，可能会错失了一次理解孩子或寻求心理支持的机会。

【错误表达】

1. "别说丧气话，听着晦气！"

否定式打断不仅无助于安抚情绪，反而会让孩子觉得"我连表达痛苦的空间都没有"。

2. "想死你就去啊，别在这儿吓唬人！"

这是非常需要警惕的回应。带有挑衅性质的反应可能刺激孩子情绪升级，甚至增加他走向更极端行为的风险。

3. "你就是作，哪有那么容易死！"

嘲讽与轻视，会让孩子更加确认"我说了也可能没人当回事"，从而可能封闭内心，不再求助。

4. "你吃穿不愁有什么可想不开的？"

物质满足不一定能替代情感支撑。孩子的问题也许不是"缺什么"，而是"感觉不到爱与理解"。

5. "我们小时候哪敢说这种话？"

通常代际比较不但无法共情，还可能让孩子觉得自己更"失败""懦弱"。

6. "赶紧去写作业，别在那儿乱想。"

以转移注意力为名，实则是回避问题。孩子情绪没有被接住，反而可能埋得更深。

【松弛教育】

面对孩子频繁说出"想死"的话语，父母不要先去评判真假，也不要急着压制情绪，而是第一时间"接住孩子的感受"，并且温和、坚定地陪他走出情绪低谷。你可以这样回应："我听到你说这些，真的很担心你，我很爱你，也很愿意陪你想办法。"用真实的情感联结打破孩子的"孤立感"。有时候，他们只是想知道：还有人在乎我吗？

此外，建议家长对于孩子说出"死亡"相关言语，不要一笑而过，更不要"处理一次就算了"。

建议你可以：

记录孩子说这些话的频率、时机、触发事件；

提醒自己：即使他"说过很多次都没事"，也不能排除每一次可能都是需要重视的信号。

如果出现以下情况，可以考虑尽快寻求专业心理评估或辅导：

· 较经常表达厌世想法，伴随睡眠食欲显著下降；

· 有自残行为（如割伤、撞头等）；

· 情绪波动较为剧烈，出现失控哭泣或持续极度冷漠；

· 写下遗言或向他人告别；

不控制的父母　不焦虑的孩子

· 社交明显退缩，学习兴趣大幅骤降。

"听见"孩子说出的"想死"，比"等他做出冲动行为"要安全得多。你的关注和回应，或许就是一道重要的防线。

【底层逻辑】

孩子反复把"想死"挂嘴边，有时不是字面意思，而是心理痛苦的"出口"。

情绪调节能力尚在发展：面对巨大的压力或挫折，孩子可能不知道该如何表达沮丧、无力，有时会用较为极端语言来释放负面情绪。

潜在的心理困扰的信号：持续的情绪低落、兴趣丧失、自我否定感强烈，是青少年心理困扰的常见表现，不应轻视。

对父母关爱的"试探"：有些孩子可能是通过说"我想死"，试探父母是否真的在乎自己、愿意倾听自己的痛苦。如果家长回应不当，会加深孩子"没人理解我"的感受。

家庭沟通模式有待改善，情感表达受阻：在缺乏足够情绪教育和安全沟通环境的家庭中，孩子可能难以发展出"用健康表达不满"的能力，有时只能通过"较为极端言语"引起关注。

父母不是医生，不能包办孩子的所有心理困扰，但可以成为"桥梁"——连接孩子与理解其情绪、连接痛苦与可能的疗愈资源。如果孩子说"我想死"，或许可以尝试这样理解：他正在表达，"我太累了，我需要被看见和理解。"

42

孩子"装抑郁"，是他的内心在求关注

【场景还原】

最近，你发现孩子连续几天赖床不起，对以往热爱的篮球、游戏都提不起兴趣，作业摊在桌上分毫未动。当你表达关切，他抛出"抑郁"这个词，眼神中可能流露出一丝试探或躲闪。你提议寻求专业帮助，孩子反应激烈，迅速拒绝，甚至表现出烦躁或转移话题。这与真正受抑郁困扰、可能表现出沉默寡言或无助求助的状态有明显差异。每逢大考前夕、重要比赛或需要完成繁重任务时，"抑郁"症状就突然"发作"。一旦压力源过去（如考完试、活动结束），孩子又似乎迅速恢复活力，与朋友谈笑风生，唯独面对学习责任或家庭期望时，情绪又容易低落。孩子可能拿着社交媒体上的简易心理测试结果作为"证据"，但这些测试往往缺乏科学严谨性，孩子可能选择性答题或过度解读结果。孩子可能通过互联网了解了一些抑郁的症状，并主动"对号入座"，进行自我暗示，甚至模仿某些行为（如刻意食欲不振、熬夜显得疲惫）。你开始警觉：他是真的陷入了情绪低谷，需要专业帮助，还是敏锐地捕捉到了社会对心理健康的关注，将"抑郁"作为一种可能的"免战牌"或"特权卡"，用以暂时逃避其不愿面对的压力、责任或批评？过于轻信可能无意间强化逃避，盲目否定可能错过真正的危机信号，甚至破坏亲子信任。

【错误表达】

1."你少在这儿装病！就是不想学习，找借口偷懒！"

这种严厉的指责会让孩子觉得自己不被信任和理解，即使内心有所意识，也会因为抵触情绪而维持原有状态。同时，孩子的自尊心容易受到伤害，亲子关系也会变得更加紧张。

2."这可怎么办啊！万一真抑郁了可怎么好！"

家长过度焦虑的情绪会传递给孩子，让孩子觉得自己的行为能引起家人高度重视，从而可能变得更加依赖这种方式来应对压力。而且，孩子可能会因家长的过度反应，产生错误认知，甚至真的担忧自己心理出现问题。

3."装吧，装够了就给我好好上学去！"

冷漠忽视的态度会让孩子感到被抛弃，其想通过这种方式获得关注和理解的期望可能落空，孩子或许会采取更极端的行为来引起家长重视，或者陷入真正的情绪低落。

4. "好好好，不逼你学习了，只要你开心就好。"

过度迁就孩子的行为，看似是满足孩子需求，实则可能无意中纵容孩子用这种方式逃避压力。孩子可能无法学会正确应对困难，未来面对类似情况时，或许还会继续选择这种模式。

这些话，无论出于焦虑、愤怒还是无奈，本质上都是在阻碍"理解"孩子，而不是去尝试解决孩子所面临的问题。

【松弛教育】

当孩子以"我抑郁了"为由逃避学习或责任时，松弛感父母不急着判断真假，也不会马上贴标签。他们的第一反应是：孩子在说什么？他是在逃避什么？又渴望什么？

1. "你说你可能抑郁了，那你是感觉哪方面最难受？"

不要停在"抑郁"这两个字上，继续往下问，帮助孩子更清楚自己是不舒服、抗拒，还是无力。

2. "这些天你特别想逃开什么？"

有时候孩子说"抑郁"不是描述情绪，而是"我不想面对作业、考试、被批评"，这时候，找到源头比争论定义更重要。

3. "我相信你现在很不想做这件事，但我们可以一起想办法面对。"

你不拆穿，不纵容，而是"表达理解+引导行动"，让孩子知道"我们一起面对"比"你一个人逃避"更可行。

4. "我也有过特别不想工作的时候，我们可以一起聊聊。"

分享自己的困顿经历，拉近关系，让孩子感觉不是自己"有问题"，而是"人生有时会有压力，我们学着一起扛"。

5."如果你愿意，我们可以找专业心理老师聊聊，也让你更懂自己。"

以"探索自我"的方式切入，而不是"你有病需要看医生"，可以让孩子更容易接受帮助。

【底层逻辑】

孩子提到"抑郁"时，并非简单的"情绪不好"或"懒惰"，而是复杂的心理机制和需求在驱动。理解这些根源，是有效应对的前提：

"失败恐惧"的终极护盾："只要我不是能力不行/不努力，而是'病了'，那么失败（考砸、做不好）就情有可原，就不会被严厉批评或自我否定。"这可能是一种保护自尊的心理防御机制。孩子将外部评价和内部羞耻感转移到"不可抗力"（疾病）上。

"喘息空间"的扭曲诉求：当学业压力、社交困境、家庭期望像巨石般压得喘不过气，孩子可能发现，"抑郁"是社会普遍认可且能获得"豁免权"（如休息、减少任务）的少数理由之一。这可能是孩子在高压环境下，用扭曲方式为自己争取生存空间。

"深度关注"的情感呼救：在长期缺乏高质量情感连接，或习惯于"报喜不报忧"的家庭中，孩子可能发现——只有在我表现出极度痛苦或"生病"时，父母才会放下工作、停下唠叨，真正地、专注地"看见"我，给我渴望的关心和陪伴。这是一种令人心酸的情感诉求。

"群体语言"的模仿与认同：网络文化中弥漫的"emo""网

抑云""玉玉症"等自嘲或戏谑表达，以及对心理问题讨论的增加，使"抑郁"成为青少年群体中的一种流行话语。孩子可能模仿这种语言作为社交货币、身份认同，或将其视为一种时尚的"痛苦美学"，甚至是一种应对压力的"酷"姿态。

"关系安全"的终极试探："如果我说我快崩溃了/想死了/抑郁了，爸妈会是什么反应？会暴怒？会崩溃？还是会温柔地抱住我？"孩子可能通过这种表达（即使是半真半假）来测试父母的爱是否无条件、是否可靠、是否值得在真正脆弱时托付。这可能是对亲子关系安全感的一种探索或确认。

"自我认知"的迷茫投射：青春期本就是自我探索的混乱期，孩子可能确实感受到莫名的痛苦、空虚或无力，但无法清晰定义这些感受。接触到"抑郁"概念后，容易将各种不适都归因于此，进行自我诊断和自我暗示，这可能是他们尝试理解自身状态的一种方式，而并非全然有意"假装"。

松弛父母的觉悟：无论是上述哪种原因，"假装抑郁"的行为本身，往往都强烈地指向孩子正面临着难以承受的压力，存在未被满足的情感需求，或缺乏健康的应对技能。它本身就是值得被认真对待的一种信号，是孩子发出的、尽管形式可能扭曲的求救信息。

我们的目标不是去"纠结于表达的真实性"，而是去理解信号背后的含义，连接那个痛苦或迷茫的孩子，并帮助他找到更直接有效的方式来应对生活的挑战。

不控制的父母　不焦虑的孩子

CHAPTER 09

松弛之道：父母成长手册

修复亲子关系的三个黄金时刻

亲子关系的修复，从来不是一场声势浩大的"和解仪式"，而是藏在无数细水长流的日常互动中。尤其是当孩子进入10~15岁的青春期，这段关系常常会出现隔阂、摩擦，甚至断裂感。但好消息是，即便关系出现裂痕，也并不意味着无可挽回。只要抓住那几个关键的"黄金时刻"，家长仍有机会，悄然在孩子心中播下理解与信任的种子。

黄金时刻一：孩子情绪强烈时，不说教，先陪伴

青春期的孩子，内心敏感又脆弱，很难用清晰的语言表达情绪，只会以"哭闹、摔门、沉默、怼人"的方式来"释放信号"。这时候，比起解决问题，孩子可能更需要的是有人陪着他——不评判，不催促，只是单纯"在场"。

家长不妨这样做：

· 静静坐在他身边，说一句："我看到你现在真的很难过，我就在这儿，等你准备好再说。"

· 给他一杯水，递上纸巾，不催促。

· 等情绪过去了，再轻声说："你愿意说说发生了什么吗？"

情绪强烈时，是孩子最"需要支持"的时刻，也是他可能最愿意接受爱的时刻。如果父母能用"理解"替代"指责"，用"倾听"替代"说教"，亲子之间的关系可能会因此得到缓和，建立更深的联结。

黄金时刻二：孩子取得小成就时，不吝啬肯定和欣赏

很多家长因为"担心孩子骄傲""希望他再接再厉"，选择在孩子取得小进步时"收着夸"甚至"泼点冷水"："这有什么好得意的？你看别人比你还厉害。""这次是运气好吧？"这些回应，看似"理智"，实则可能极大地影响孩子对自己的肯定。

家长不妨这样说：

"这件事你做得真的挺棒的，看来你最近确实很努力。"

"我注意到你比上次有进步，你有没有发现自己的变化？"

"我为你感到高兴，也为你感到骄傲。"

肯定不是娇惯，而是滋养。被真诚肯定过的孩子，更容易获得继续向前的勇气。当父母尝试看到孩子的"亮点"，而不是只盯着"短板"，孩子可能会更愿意接近你、相信你——亲子关系也有机会在"被认可"的氛围中逐渐修复。

黄金时刻三：冲突过后，主动沟通，尝试理解

亲子冲突在所难免。你说一句，他顶两句；你愤怒，他摔门；你批评，他翻白眼……家庭气氛瞬间降到冰点。很多家长吵完就"冷处理"：不说话，不搭理，各过各的，表面风平浪静，实则情感疏离越来越远。冲突可能是修复关系的一个机会。冲突过后，孩子可能也在懊恼，也在期待"你能理解我"。父母若能迈出一步，关系就有机会得到缓和，甚至改善。

可以这样说：

· "刚才我太激动了，说话声音太大，可能吓到你了，对不起。"

· "我们刚才都太情绪化了，其实我不是想否定你，只是有点担心。"

· "我不想我们总是吵架，我想和你好好说说。"

这展现的是一种成熟的态度。父母的坦诚沟通，可能让孩子更容易放下防备。这一瞬间，你们有机会站在了共同面对问题的立场。

这三个"黄金时刻"，或许就像三把钥匙，帮助父母尝试打开

不控制的父母　不焦虑的孩子

通往孩子内心的大门。它们不是技巧，而是一种态度：相信孩子值得被理解、被欣赏、被修复，也相信我们可以成为那个始终愿意靠近、愿意理解孩子的父母。

亲子关系从来不是一劳永逸的，它像一棵树，需要我们每天浇水、晒太阳、松土。在孩子成长的路上，父母不是管控者，而是陪伴者、鼓励者、修复者。

懂得孩子比爱更重要，放过自己才能成全孩子

"我是不是不够耐心？"

"我今天又吼孩子了，他是不是会受心理创伤？"

"我不够会引导，他学习跟不上，是不是我害的？"

"别人的孩子都那么优秀，为什么我教不好自己家这一个？"

当这种"焦虑式育儿"持续存在时，父母一边对孩子充满期待和担忧，一边又对自己充满苛责和否定。长此以往，家庭的每一分能量，都在"自我批判"和"情绪内耗"中被消耗殆尽。你一边喊着"我要做松弛感父母"，一边却在心里对自己毫不宽容。你用尽力气控制局面，却忘了先抚慰自己的内心。

其实，想要养育一个心理健康、有韧性的孩子，第一步往往就是：放过自己。

父母的情绪状态，常常深刻影响着孩子的"成长氛围"

我们常说："想要孩子好，先让家长放松。"一个情绪压抑、焦虑紧绷的父母，常常会把这些情绪投射在孩子身上：

- 你越担心孩子考不好，就越容易用高压去逼迫；
- 你越焦虑他不如别人，就越容易贬低他；
- 你越想掌控孩子的一切，就越容易剥夺他独立成长的空间。

而当你自己内心足够安稳、情绪不再动辄被引爆，你就会发现：你不再急着干预、催促、控制，你更能从容地听他讲完心事，也能淡定地接受他暂时的不如预期。一个能够调节自己情绪、接受自己局限的父母，常常就是孩子最大的安全感来源之一。他会从你身上学到：原来人可以不完美，但依然被爱着、被接纳着。

允许"有界限的自私"，你不是孩子的全部

有的父母把"为孩子牺牲"当成理所当然，仿佛只有全力以赴、无私奉献，才算合格。但这种"没有界限的奉献"，其实是在透支自我，最终也会反噬亲子关系。

当你不允许自己有"喘息"的时间，你更容易情绪失控；

当你全身心围着孩子转，孩子可能会误以为"我是世界中心"；

当你没有自己的生活重心，你也可能在无形中传递一种"我把人生压在你身上"的隐形压力。

其实，一个健康的家庭里，父母可以有自己的兴趣、朋友、成长轨迹。孩子需要的，是一个活生生的人，而不是一个围着他旋转的"养育工具"。你可以有"自己的时间"，你可以说"我累了，今天咱们少说两句"，你可以跟孩子说："妈妈现在需要静一静，

一会儿再来陪你。"这不是冷漠，而是让孩子看到：人可以在关系中，有爱也有边界，有责任也有自我。

当你放下"控制"，孩子反而更愿意靠近

很多父母误以为"爱"就要"掌控"，于是从小到大帮孩子规划人生，安排学业，干预社交，甚至决定兴趣爱好。但被过度控制的孩子，要么顺从，要么就是反抗，很难真正活出自我。

而当你开始放下那份"非要他怎样"的执念，你会发现，孩子可能更愿意敞开心扉，更容易信任你：

· **你说：** "你可以自己选择，但如果需要我，我会一直在。"

· **你做：** "我尊重你的决定，但我也会提醒你风险。"

· **你想：** "他的人生不是我来写剧本，而是他自己的探索。"

放下过度控制，不是放弃责任，而是多一份信任：相信孩子有潜力逐渐成为自己，哪怕他会走点弯路，哪怕他不完美。

养育孩子，从来不是一场"自我牺牲"的长跑，而是一段"彼此成长"的旅程。你不是一个"天生就懂教育"的专家，也不需要把每一步都走得完美无瑕。请记得：孩子的成长需要父母的陪伴，同样需要父母先好好照顾自己。

当你学会放过自己——你会更温柔地对待孩子的叛逆，你会更理智地处理孩子的问题，你会更自在地走在养育这条路上。

"松弛感父母"的核心，不是单纯的育儿技巧，而是一种由内而外的自洽与从容。而当你成为这样的人，孩子也更有机会成为那个从容自信的大人。

不控制的父母　不焦虑的孩子